Contes et légendes du Québec

Claire Brouillet

Andrée Vary

National Textbook Company
a division of NTC/CONTEMPORARY PUBLISHING GROUP
Lincolnwood, Illinois USA

Interior Design: Cunningham & Welch Design Group
Interior Illustration: Jeff Stern

ISBN: 0-8442-1218-0

Published by National Textbook Company,
a division of NTC/Contemporary Publishing Group, Inc.,
4255 West Touhy Avenue,
Lincolnwood (Chicago), Illinois 60646-1975 U.S.A.

Library of Congress Catalog Card Number: 98-065664

890 VP 0987654321

Des mêmes auteures :

Contes et légendes de France, A Collection of French Tales. Andrée VARY, National Textbook Company, Lincolnwood, IL, 1993.

Contes et légendes du monde francophone, A Collection of Tales from the French-speaking World. Claire BROUILLET et Andrée VARY, National Textbook Company, Lincolnwood, IL, 1997.

Remerciements

Nous tenons à exprimer notre reconnaissance envers le Centre de folklore de l'Université Laval de Québec et, plus particulièrement, envers nos éminents professeurs, Luc Lacourcière, Félix-Antoine Savard et Jean-Claude Dupont, qui nous ont communiqué leur passion pour les traditions populaires. Les Archives de folklore fondées en 1944 par Luc Lacourcière, sa *Bibliographie raisonnée des traditions françaises en Amérique* (1956) et son *Catalogue raisonné du conte populaire français en Amérique* (1974) ont permis aux chercheurs, ethnologues et folkloristes de poursuivre leur œuvre et de conserver quelques-uns des trésors de notre patrimoine national.

Nous remercions aussi Jim Harmon de son soutien sensible et intelligent, aussi bien que l'équipe de la NTC pour l'intérêt porté à notre travail.

Table des matières

Contes et légendes

Au professeur

Vous trouverez dans cette collection de contes et de légendes des lectures d'appoint pour aider les étudiants à développer le goût de lire en français. Ce sont des histoires amusantes et des récits fantastiques susceptibles de captiver.

Vous y trouverez aussi un encadrement pour aider les étudiants à devenir des lecteurs efficaces. Ces récits sont faciles d'accès : syntaxe simple ; vocabulaire connu. De plus, nous avons limité les temps des verbes à l'infinitif et à l'indicatif présent, imparfait et passé composé, en évitant les formes complexes du passé simple et du subjonctif. Nous avons de plus accompagné chaque récit d'une illustration et de quelques exercices préliminaires d'observation dans le but de favoriser l'anticipation, étape importante dans la lecture. Après la lecture, nous avons ajouté quelques exercices de compréhension qui permettent de revenir sur le récit pour en saisir les éléments importants et les nuances.

L'enseignant(e) pourrait proposer des exercices complémentaires, par exemple :
- la réécriture du conte en se plaçant du point de vue d'un des personnages ;
- la production d'une parodie du conte, en changeant les personnages pour d'autres de la vie quotidienne ;
- la narration de l'histoire devant la classe, ce qui exige l'appropriation du conte ou de son canevas, la mémorisation, la capacité d'improvisation, l'expression corporelle.

Les auteures de ce recueil espèrent que vous aurez, à lire et à enseigner ces contes, le même plaisir qu'elles ont pris à les écrire.

Claire BROUILLET
Andrée VARY

Au lecteur

Vous allez sûrement vous amuser en lisant ce recueil d'histoires québécoises. Vous allez aussi vous instruire, car les contes et les légendes des différents pays constituent un héritage culturel pour l'humanité entière. On retrouve souvent les mêmes contes dans divers continents. Mais, en les adoptant et en les assimilant, chaque peuple y exprime ce qu'il a de plus profond : son tempérament, ses coutumes, ses espoirs et ses valeurs. Quant aux légendes, elles sont plus souvent propres à un peuple en particulier et, en cela, plus caractéristiques encore de ses préoccupations.

Peut-être, en lisant ces récits, aurez-vous le goût de devenir conteur à votre tour ? Vous verrez alors comment la pratique du conte est une source de plaisir et un bon moyen de communiquer !

Les exercices proposés avant et après la lecture de chaque texte ont pour but de vous aider à bien comprendre le texte et de faire de vous un lecteur efficace en français. Ces exercices peuvent vous être utiles quand vous les faites seul(e) ; ils le sont encore plus quand vous les faites en discutant avec vos camarades de classe et avec le soutien de votre professeur.

Bonne lecture !

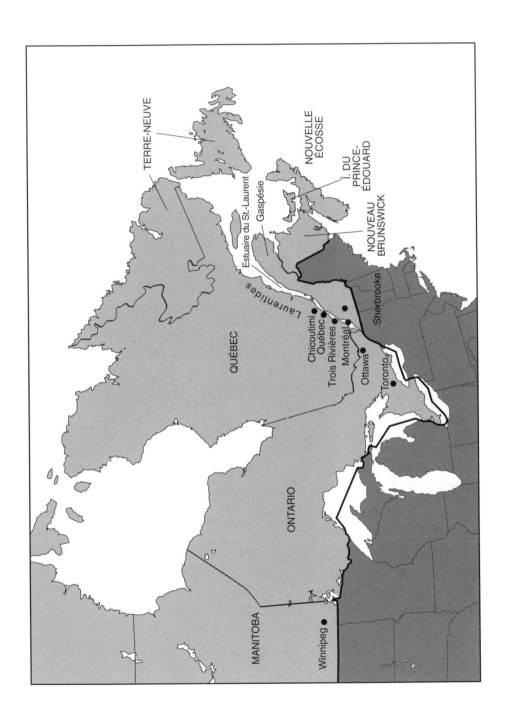

TERRE-NEUVE

NOUVELLE-
ÉCOSSE

Î. DU
PRINCE-
ÉDOUARD

Estuaire du St.-Laurent

Gaspésie

NOUVEAU
BRUNSWICK

Sherbrooke

Laurentides

QUÉBEC

Chicoutimi
Québec
Trois Rivières
Montréal
Ottawa
Toronto

ONTARIO

MANITOBA

Winnipeg

About Quebec

Quebec's historical presence in North America is broader than its own frontiers. The exploration of a great part of the North American continent was carried out by Quebecois from the St. Lawrence region, as we can still see on maps of the United States and Canada. How many readers will know that the first mayor of Milwaukee was born in Montreal or that the first governor of Illinois was from Quebec? The French exploration and early settlements left their mark by way of French names for places, rivers, and counties.

In addition (according to the most recent U.S. census), more than 13 million Americans claim French or Canadian descent, a number that exceeds twice the current population of Quebec. How can this be? Where did these people come from? The majority of Americans of French descent came to the United States via Quebec and the region that used to be called Acadia (now New Brunswick, Nova Scotia, and Prince Edward Island). Several waves of immigration have occurred from French Canada into what is now the United States. Early exploration resulted in a few small settlements, but the first significant settlement took place during the 18th century, following the English conquest of French Canada. That period saw wholesale deportation of families, taken directly from their farms and villages and sent away by boat. French immigrants from Acadia moved down the Eastern seaboard as far as the Louisianna Territory.

Quebec and
Its Oral Literature

Quebec is the largest Canadian province. Much of Quebec is inhabited by isolated groups of Native Americans and Inuits with their own languages and customs. The French settled primarily along the shores of the St. Lawrence River and throughout its broad valley, where the climate is warmer and travel easier than in the surrounding regions. The tales and legends presented in this collection come mostly from this valley.

Today Quebec is the only Canadian province with a largely French-speaking population—some six and one-half million people. In spite of the conquest of New France by England in 1760, Quebec remains French both in language—officially as of 1976—and culture. All facets of artistic expression find fertile ground in the province of Quebec. This artistic outpouring can be explained in part by the need for self-identification by a minority population on the North American continent. In this context the role played by folktakes in securing the people to their roots and in maintaining tradition can be easily appreciated.

During the 17th, 18th, and 19th centuries, folktakes played an important role in the cultural life of Quebec. During the long winter nights parents—in this case mostly mothers and grandmothers, since the men were often away felling trees through the winter—would tell the children long, traditional stories. They had learned these tales and legends from their mothers. Now it was their turn to recount the stories to their children.

Away from their families, alone in the middle of endless forests on very cold winter nights, men would also tell one another stories. Through the pure magic of the tale, these lumberjacks were transformed into poets, actors, magicians or *troubadours*, to the great pleasure of the others assembled.

Folktales entered Quebec on the various waves of immigration. Most tales came from France, others from England and Ireland, and reflected the influence of storytellers such as Rabelais, Charles Perrault, and the brothers Grimm. Some stories were already well known among the Native Americans; over time, the French settlers adapted and changed them. Tales of sorcerers, fairies, ogres, giants, and monsters abound. There are, however, very few animal tales in Quebec. Storytellers appeared more interested in tales of people, often the poor. A typical hero of a Quebec folktake is Ti-Jean (i.e., Petit Jean), who struggles with the vicissitudes of daily life. Through his shrewdness and intelligence, often aided by supernatural characters, Ti-Jean is able to rise out of his misery or trouble, well-situated and with a profession. In fact, since most heroes in Quebec tales are called Ti-Jean, their names have been changed in these stories to avoid monotony.

Religious themes and symbols are powerful features in all folklore. Many popular stories and tales in Quebec reflect the impact of the Catholic church. Several legends present Satan trying to buy the souls of lapsed Catholics, those Catholics who do not fulfill their religious duty. Rules laid down by priests are clear: dancing is forbidden during Lent; a good Catholic must go to confession, take communion, attend mass on Sunday, and listen to the sermon.

The Devil is on the lookout for bad parishioners and is never very far. Since he is intelligent, he wears disguises and appears in the most unlikely forms—often donning elegant clothes, with hat and gloves hiding his horns and claws. To win souls and increase his hellish troops, he is always ready to offer money or jewels, transportation or beverage. To fend him off, one makes the sign of the cross, throws holy water at him, or says aloud the name of God or of a saint, in French or in Latin, no matter.

We know that the birthplace of most folktales cannot be pinpointed. Their origins can be found in the common humanity of all people. Similar tales have been told in Europe, Asia, and Africa. All humankind meets in these tales; gender, race, and age become irrelevant. Desires and dreams share images and symbols. This phenomenon of commonality explains the emotion that tales engender all over the world.

Ti-Jean
tireur de cartes

C e conte était populaire dans plusieurs régions du Québec. Le héros, Ti-Jean, ne sait pas travailler. Il passe son temps à **jouer aux cartes**[1]. On le croit **paresseux**[2]. **Il n'en est rien**[3]. Ti-Jean développe ainsi son talent particulier. Il développe aussi son cœur. Et c'est à cause de son grand cœur qu'il reçoit le **don**[4] de clairvoyance.

Pour commencer...

1. Avant de lire le conte, lisez-en le titre. Qu'est-ce qu'un « tireur de cartes » ?

2. Lisez maintenant le premier paragraphe. Quelle est l'occupation favorite de Ti-Jean ?

3. Regardez maintenant l'illustration. Qui est, d'après vous, le jeune homme assis à la table ? Que fait-il ? Pensez-vous qu'il a du succès ? Expliquez.

4. Qui est, pensez-vous, le personnage qui se fait tirer aux cartes ? Qu'est-ce qui est arrivé, selon vous ?

---

[1] **jouer aux cartes**   playing cards
[2] **paresseux**   lazy

[3] **Il n'en est rien**   Nothing of the sort
[4] **don**   gift

Ti-Jean tireur de cartes[5]

I

Il y avait une fois un homme et une femme qui étaient très pauvres. Tout ce qu'ils possédaient, c'était un petit jardin. Leur fils unique, Ti-Jean, venait d'avoir vingt ans, et il refusait toujours de travailler. Il passait tout son temps à jouer aux cartes.

Un jour, après avoir bien réfléchi, les parents disent à Ti-Jean:
— Ce n'est pas bon pour toi de rester à ne rien faire. Tu dois apprendre à **gagner ta vie**[6].
— Mais qu'est-ce que je vais faire ? Tout ce que je sais faire, c'est jouer aux cartes !
— Fais comme tu voudras. Ce n'est pas en jouant aux cartes que tu vas pouvoir gagner ta vie ! Va te chercher du travail quelque part.

Le lendemain matin, le pauvre Ti-Jean part. Il apporte une bouteille d'eau et six **galettes**[7] préparées par sa mère. Il prend aussi son jeu de cartes. C'est tout ce qu'il a.

Il marche à travers les champs. Il ne sait pas où aller. Alors, il avance **à l'aventure**[8] dans la campagne. De temps en temps, il s'assoit et joue un peu avec ses cartes. Mais le cœur n'y est plus. Il est inquiet. De quoi va-t-il vivre ? **Il n'ose pas**[9] demander du travail : il ne sait rien faire.

---

[5] **tireur de cartes** fortune teller (with cards)

[6] **gagner ta vie** to earn your living

[7] **galettes** flat cakes

[8] **à l'aventure** at random

[9] **Il n'ose pas** he doesn't dare

II

Après trois jours de marche, Ti-Jean s'assoit au pied d'un arbre pour la nuit. Il est découragé. Tout à coup, il entend un bébé **pleurer**[10]. Il se lève et aperçoit près de lui une pauvre femme avec un enfant dans ses bras. Elle a l'air très fatiguée. Le garçon lui dit :
— Je n'ai plus qu'une galette et un peu d'eau… Prenez. Vous avez l'air si faible !

La femme donne la **moitié**[11] de la galette à son enfant et remet l'autre moitié à Ti-Jean :
— Mange l'autre moitié, mon garçon : tu as encore du chemin à faire. Je te remercie beaucoup. Tu **as bon cœur**[12].

Or, cette dame possède des pouvoirs surnaturels. Elle dit à Ti-Jean :
— Pour te remercier, je te donne ce jeu de cartes magique : il te permettra de **prédire**[13] l'avenir. Je sais que tu aimes les cartes.

Ti-Jean est bien content. C'est un beau cadeau. Il **a hâte**[14] d'essayer son jeu.
— Je vais essayer de prédire mon propre avenir ! se dit-il.

Ti-Jean s'assoit par terre et **se tire aux cartes**[15]. Il voit alors un hôtel, à deux ou trois kilomètres, et beaucoup d'argent devant lui.
— Ça marche ! s'écrie Ti-Jean en sautant de joie.

Il comprend que la pauvre femme est une **fée**[16] ! Elle lui a fait un don ! Il se retourne pour la remercier. Il ne la voit plus. Elle a disparu !

III

Alors, Ti-Jean se lève et repart, tout joyeux, avec son nouveau jeu de cartes. Le soir, il arrive à l'hôtel et dit à l'hôtelier :

---

[10] **pleurer**   crying
[11] **moitié**   half
[12] **as bon cœur**   have a kind heart
[13] **prédire**   to predict

[14] **a hâte**   is eager
[15] **se tire aux cartes**   tells his own fortune (by cards)
[16] **fée**   fairy

— Je n'ai pas d'argent pour payer ma chambre, mais je sais prédire l'avenir par les cartes. Je vais payer ma chambre demain. Faites-moi confiance. Je vous amènerai de nouveaux clients !

Le lendemain, Ti-Jean installe sa table de travail dehors, à l'entrée de l'hôtel. Au-dessus de la table, il place une **affiche**[17] : « Je lis l'avenir dans les cartes ». Le chef de police du village se présente bientôt :
— Je ne veux pas de charlatans dans mon village. Cependant, si tu dis la vérité, nous verrons. Essaie-toi sur moi.

Ti-Jean voit, dans les cartes, les détails de la vie passée du chef de police. Il lui révèle ensuite son avenir. À la demande du policier, Ti-Jean lui donne aussi des conseils pour capturer un bandit. Il lui dit comment **éviter**[18] les dangers qui le menacent.

Le chef **n'en revient pas**[19] :
— Tu as du talent, jeune homme. Tu peux rester ! Je vais même te faire de la publicité !

Quelques heures plus tard, l'hôtel est rempli de personnes qui veulent se faire tirer aux cartes. Les gens sont **émerveillés**[20] par le talent du jeune homme. Tout le monde veut passer. Vers minuit, Ti-Jean renvoie ceux qui attendent :
— Revenez demain. C'est assez pour aujourd'hui.

IV

Le lendemain, après un bon petit déjeuner, Ti-Jean installe de nouveau sa table et son affiche. Déjà une longue file de gens attendent leur tour. Son premier client se présente :
— Monsieur Jean, je suis le roi de la ville. Ces temps-ci, je suis inquiet. Je m'attends à un grand **malheur**[21]. Je n'arrive plus à dormir. S'il vous plaît, dites-moi ce que vous voyez dans les cartes.

---

[17] **affiche**   poster
[18] **éviter**   to avoid
[19] **n'en revient pas**   can't get over it

[20] **émerveillés**   filled with wonder, amazed
[21] **malheur**   misfortune

Ti-Jean **bat les cartes**[22]. Il réfléchit longuement. Puis, il dit au roi, avec tristesse :

— Je vois trois hommes qui vous veulent du mal. Demain soir, ils vont essayer de vous **tuer**[23].

— Mais que dois-je faire ? dit le roi.

Ti-Jean étudie encore les cartes : le roi ne peut rien faire pour éviter la mort s'il reste à son palais :

— Sire, laissez-moi prendre votre place pendant vingt-quatre heures. Je vais étudier mes cartes et **déjouer**[24] leurs plans.

— D'accord. Si jamais tu me **débarrasses de**[25] ces ennemis, brave garçon, tu auras une récompense digne d'un roi. Sois prudent.

V

Ti-Jean rentre sa table et son affiche, puis il va s'installer chez le roi. Il étudie ses cartes et y voit trois hommes armés **cachés**[26] dans des barils. Comme il devine leur plan, il se fait apporter une longue **scie**[27]. Il n'a plus qu'à attendre.

Entre-temps, Ti-Jean **se prélasse**[28] dans les appartements du roi. Il se commande de bons repas. Il se fait donner des massages par les serviteurs du roi. Il est heureux, même si ce n'est que pour vingt-quatre heures.

Le soir venu, Ti-Jean n'a pas encore de nouvelles des trois hommes qu'il a vus dans les cartes. Il décide donc d'aller dormir dans le lit du roi. Cependant, il apporte dans sa chambre son énorme scie :

— Si les bandits arrivent, je suis prêt à les recevoir ! se dit-il.

Dès qu'il se met au lit, Ti-Jean entend **frapper**[29] à la porte :

---

[22] **bat les cartes**   shuffles the cards
[23] **tuer**   to kill
[24] **déjouer**   to thwart
[25] **débarrasses de**   get rid of

[26] **cachés**   hidden
[27] **scie**   saw
[28] **se prélasse**   lounges, takes his ease
[29] **frapper**   knocking

— Monsieur, vous venez de recevoir un beau présent : trois barils de vin.

— C'est un beau présent en effet ! Entrez ces barils dans ma chambre : je ne veux pas **me les faire voler**[30] ! dit Jean aux serviteurs du roi.

Les serviteurs apportent les barils. Ti-Jean est satisfait : tout va comme les cartes l'ont annoncé. Il examine alors les barils : sur leur **paroi**[31], il remarque plusieurs petits **trous**[32]. Les cartes ne lui ont pas menti : ces trous permettent aux bandits de respirer !

Ti-Jean prend alors sa scie et coupe les barils par le milieu. Au lieu de vin, c'est du sang qui **se répand**[33] dans la chambre. Ti-Jean a réussi !

VI

Au matin, quand le roi arrive au château, il n'en revient pas ! Grâce à Ti-Jean, les bandits sont morts à sa place :

— Tu m'as sauvé la vie, Jean. Comment te remercier ? Que désires-tu ?

— J'aime bien la vie de château, Sire ! dit Ti-Jean **en souriant**[34].

— D'accord. Tu me plais. Tu resteras avec moi. Je te prends avec moi comme conseiller. Avec tes cartes, tu vas m'aider à diriger la ville.

VII

Depuis ce temps, Ti-Jean vit au château avec ses parents. Toute la journée, comme quand il était petit, il continue de jouer aux cartes !

J'ai voulu, moi qui vous parle, me faire tirer aux cartes. Ti-Jean, le conseiller du roi, m'a dit :

---

[30] **me les faire voler**   let them be stolen

[31] **paroi**   surface

[32] **trous**   holes

[33] **se répand**   spills out

[34] **en souriant**   smiling

— Je vois comme une **souris**[35] derrière vous.

En me retournant, j'ai marché sur la queue de la petite souris. Alors, la petite souris m'a dit :

« Cui ! Cui ! Ton histoire est finie ! »

Exercices

1. Pourquoi les parents de Ti-Jean lui disent-ils de quitter la maison ? Répondez par une phrase complète.

   a. parce qu'ils ne l'aiment pas.

   b. parce qu'ils savent que Ti-Jean fera beaucoup d'argent.

   c. parce que Ti-Jean ne sait pas encore gagner sa vie.

2. Quel don la dame avec l'enfant fait-elle à Ti-Jean ? Est-ce un beau cadeau ?

3. Quel genre de travail Ti-Jean va-t-il faire quand il arrive à l'hôtel ? Quel genre de travail va-t-il faire plus tard, à la fin du conte ?

---

[35] **souris**   mouse

4. Décrivez l'évolution du personnage principal dans le texte :

Difficulté à surmonter ?	*Aide reçue ?*
Situation au début ?	*Situation à la fin ?*

5. Revenez à l'illustration : trouvez, dans le conte, une phrase qui s'applique bien à cette illustration.

6. Complétez le texte à l'aide des mots suivants, que vous ferez précéder de l'article si nécessaire : *conseiller, prédire, tireur de cartes, affiche.*

Le jeune homme était un _____. Il pouvait _____ l'avenir. Il avait posé _____ derrière lui. Il a pu ainsi devenir _____ du roi.

7. L'épisode où Ti-Jean se débarrasse des voleurs vous rappelle-t-il un conte des *Mille et une Nuits* ? Lequel ?

8. Croyez-vous qu'on peut vraiment voir l'avenir dans les cartes ? Discutez-en avec vos amis et votre professeur.

9. Imaginez une autre fin à ce conte. Racontez-la oralement ou par écrit.

Le prince aux cheveux d'or
(1ère partie)

C e conte est très populaire dans la littérature orale. L'histoire se rattache à toute une tradition populaire où un être, victime d'un mauvais **sort**[1] et métamorphosé en monstre, est délivré par une marque d'amitié.

Pour commencer...

1. Avant de lire le conte, regardez l'illustration.
   - Pensez-vous que le garçon a peur du géant ? Qu'est-ce qui vous fait dire cela ?
   - Avez-vous une idée de ce que va faire le garçon ?
2. Lisez le premier paragraphe du conte : pourquoi, pensez-vous, a-t-on mis le géant en cage ?

---

[1] **sort**   spell; destiny

Le prince aux cheveux d'or²
(1ère partie)

I

Il y avait une fois un petit village paisible et **sans histoire**[3].
Or, un jour, tout a changé : un monstre est apparu. Il était moitié
homme moitié bête. C'était un être énorme, un géant. Les gens
le trouvaient **affreux**[4] ! Son visage était tout rouge. Ses yeux étaient
en dehors de[5] leurs **orbites**[6]. Il avait de longs **crocs**[7] à la place des
dents. Tout son corps était couvert de **poil**[8]. De plus, il semblait
malfaisant[9] : il dévorait toutes les **récoltes**[10].

II

Le petit village est terrifié. Depuis l'arrivée du géant, personne
ne veut plus sortir. Des rumeurs courent dans la ville. Les gens ont
peur que le monstre dévore leurs enfants. Les fermiers ne peuvent
plus cultiver leurs terres.
— Il faut capturer ce monstre ! crient les villageois.

Comme ils ne peuvent pas vaincre le géant par la force, ils
décident d'utiliser la ruse. Ils connaissent son grand appétit. Alors,
il vont lui **tendre un piège**[11]. Pour le capturer, ils placent de beaux
morceaux de viande, des fromages et des fruits sur une table

---

[2] **d'or**   golden

[3] **sans histoire**   tranquil

[4] **affreux**   hideous, frightful

[5] **en dehors de**   outside

[6] **orbites**   sockets

[7] **crocs**   fangs

[8] **poil**   hair (except on the head)

[9] **malfaisant**   evil

[10] **récoltes**   crops

[11] **tendre un piège**   to lay a trap

basculante[12]. Sous la table, ils **creusent**[13] un trou qui cache une énorme cage en fer.

Le soir venu, le géant voit le buffet. Évidemment, il s'approche pour manger. Alors, il tombe dans la cage.

III

À partir de ce moment, le village peut respirer à l'aise. La joie est revenue. Les gens ont même une nouvelle attraction : ils viennent voir le monstre et rire de lui. Ils lui crient des insultes et s'amusent beaucoup.

Seul un jeune homme a pitié du géant. Il vient le voir chaque soir. Il lui parle avec sympathie. Il **le plaint**[14] d'être ainsi en captivité. Le garçon voit que celui qu'on appelle « le monstre » a un grand cœur. S'il a dévoré les récoltes, c'est simplement parce qu'il avait faim.

De jour en jour, le garçon apprend à connaître le prisonnier. Ils deviennent amis tous les deux. Un jour, le garçon dit au géant :
— Qu'est-ce que je pourrais faire pour toi, mon bon Géant ?
Tu es mon ami et tu es si malheureux !
— Aide-moi à me libérer.
— Je veux bien, mais comment faire ?
— Donne-moi la **clef**[15] qui est cachée **au-dessus de**[16] la porte.
Je ne vais faire de mal à personne. Je vais partir au loin. On ne va plus jamais me voir ici.

L'enfant fait confiance à son ami. Il lui donne la clef. Le géant lui dit :
— Je te remercie. Maintenant, je vais te dire mon secret.

En disant ces paroles, le monstre sort de la cage et prend l'apparence d'un beau jeune homme : J'étais autrefois un prince

---

[12] **basculante**   tilting
[13] **creusent**   dig
[14] **le plaint**   feels sorry for him

[15] **clef**   key
[16] **au-dessus de**   above

doué[17] de pouvoirs merveilleux. Mais une **sorcière**[18] jalouse m'a jeté un sort. Elle m'a transformé en ce monstre hideux. Pour retrouver mes pouvoirs, il fallait que quelqu'un me montre de la sympathie. Tu l'as fait : je ne vais pas l'oublier.

— Comme tu es un beau prince ! Mais, pour moi, si tu veux, tu resteras « mon bon Géant » !

— D'accord, dit le prince. Nous resterons amis. Quand tu auras besoin d'aide, appelle-moi. Je vais toujours être là pour t'aider.

Sur ces mots, le prince disparaît, laissant la cage vide.

IV

Le garçon, lui, a peur d'être blâmé. Il décide donc de partir se chercher du travail ailleurs. Il marche à l'aventure en frappant aux portes des maisons. Mais personne ne veut **l'embaucher**[19]. Un jour, découragé, le garçon s'assoit sous un arbre :

— Ah ! Mon bon Géant, si tu étais ici, tu m'aiderais certainement !

Au même instant, le garçon voit apparaître son ami, le prince :

— Mon bon Géant, je suis découragé. Personne ne veut de moi !

— Pourquoi **as**-tu tant **tardé**[20] à m'appeler ? dit le prince. Je vais te transporter à l'**endroit**[21] où tu vas trouver du travail.

V

À l'instant, le garçon est devant la porte d'un château. Il demande au roi s'il a besoin d'un homme pour travailler.

— Tu es **chanceux**[22], dit le roi. Mon jardinier vient de quitter le pays. Je dois trouver quelqu'un pour le remplacer.

— Qu'attendez-vous de moi, Sire ?

---

[17] **doué**   gifted
[18] **sorcière**   witch
[19] **l'embaucher**   to hire him

[20] **as tardé**   delayed, put off
[21] **endroit**   place
[22] **chanceux**   lucky

— Je veux que tu couvres mes jardins de belles roses. Ma fille, la princesse, les adore.

— J'aime aussi beaucoup les roses, Sire.

— Tu peux t'installer dans la maison du jardinier. C'est là que tu dormiras.

Le garçon va d'abord visiter le jardin :

— Quelle désolation ! La terre est comme du ciment. Même la mauvaise herbe ne peut y pousser. Et le roi me demande de couvrir le **sol**[23] de belles roses ! Je vais être **renvoyé**[24] ; c'est sûr.

Le pauvre garçon est découragé. Alors, il entre dans sa maisonnette. De nouveau, il appelle son ami à l'aide. Celui-ci arrive aussitôt :

— Couche-toi, dit le prince. Prends une bonne nuit. Ne sois pas inquiet. Dis au roi de venir visiter son jardin dans trois jours.

Le matin du troisième jour, le jardinier a une belle surprise. Il voit le sol couvert de roses de toutes les couleurs ! Il n'en croit pas ses yeux.

Quand le roi voit la merveille, il dit à son jardinier :

— Jamais je n'ai vu un si beau jardin ! Tu es un vrai magicien ! Je crois que nous allons être amis.

À suivre[25].

---

[23] **sol**   ground
[24] **renvoyé**   fired, sacked

[25] **À suivre**   To be continued

Exercices

1. De qui les gens du village ont-ils peur ? Que font-ils quand ils vont voir le géant dans sa cage ? Répondez par une phrase complète.

   a. Ils lui crient des injures.

   b. Ils parlent avec lui.

   c. Ils le caressent.

   d. Ils lui apportent des bonbons.

2. Comment le garçon aide-t-il le prisonnier ? Répondez par une phrase complète.

3. À quelle occasion le prince aide-t-il le garçon la première fois ? À quelle occasion l'aide-t-il la deuxième fois ?

4. Trouvez, dans le conte, une phrase qui s'applique bien à l'illustration.

5. Complétez le texte à l'aide de la forme correcte des mots suivants, que vous ferez précéder de l'article si nécessaire :
   cage, orbite, poil, à l'aventure, affreux, clef, crocs.

   Le pauvre géant était couvert de _____ ; il avait de longs _____ ; ses yeux sortaient de leurs _____. Le garçon a pris _____, a ouvert _____ et il a quitté le village en marchant _____.

6. Connaissez-vous d'autres contes où un être (homme ou femme) est métamorphosé à la suite d'un mauvais sort ? Comment est-il délivré ?

7. Que pensez-vous de la réaction des gens du village face au géant ? Ont-ils pris le temps de le connaître avant de le juger ? Connaissez-vous des catégories de personnes qui ont des problèmes parce qu'elles sont différentes des autres ?

Le prince aux cheveux d'or (2e partie)

Pour commencer…

1. Que voyez-vous dans l'illustration ? Reconnaissez-vous le **chevalier**[1] ?

2. D'après vous, que s'est-il passé ?

---

[1] **chevalier**   horseman; knight

Le prince aux cheveux d'or (2ᵉ partie)

I

Le temps passe, et le jardinier devient **homme de confiance**[2] du roi. Or, un jour, le roi doit partir en voyage. Il fait venir le garçon et lui dit :
— Je te donne les clefs du royaume. Tu peux aller partout, excepté dans la chambre du **grenier**[3].

Le jardinier est heureux comme un roi ! Il se promène dans le château. Il en visite toutes les pièces. Il regarde par toutes les fenêtres. Il essaie tous les **fauteuils**[4]. Il se demande cependant ce qui se trouve dans la fameuse chambre du grenier…

II

Le troisième jour, il décide de monter au grenier. Il ouvre la porte et regarde : la chambre est à peu près vide. Le seul objet qu'il y voit, c'est un grand baril.
— Qu'est-ce que ça peut bien être ? Pourquoi le roi **m'interdit-il**[5] d'entrer ici ?

Alors, il met la tête dans le baril pour voir ce qu'il contient :
— C'est doux comme du **velours**[6] !

Il sent ses doigts : aucune odeur. En passant devant un miroir, il voit que ses cheveux sont devenus tout d'or :

---

[2] **homme de confiance**   right-hand man
[3] **grenier**   attic
[4] **fauteuils**   armchairs
[5] **m'interdit-il**   does he forbid me
[6] **velours**   velvet

— Mais c'est de l'or ! C'est un baril plein d'or !

Le jardinier comprend qu'il a découvert le secret du roi.
Il court à sa maisonnette et, pour cacher ses cheveux **dorés**[7], il se
fait un **bonnet**[8] avec une **peau**[9] de mouton. Or, la princesse —
qui s'intéresse au jardinier encore plus qu'aux fleurs — l'a vu
traverser le jardin avec sa chevelure d'or. Comme le jardinier lui
est très sympathique, elle garde son secret.

Une semaine plus tard, le roi revient de voyage. Il trouve tout
en ordre :
— Je te remercie, jardinier. Tu sembles t'être bien occupé de
mes affaires pendant mon absence. Je te **félicite**[10] aussi de porter
maintenant un chapeau pour te préserver des dangers du soleil.
C'est parfait.

Le jardinier est **soulagé**[11]. Il n'aura pas à se confesser ! Il se
promet de ne jamais retourner dans la chambre du grenier.

III

Un jour, le roi a de sérieux problèmes. Il fait venir son jardinier.
Il a confiance en lui :
— Je dois partir à la guerre : on attaque le royaume. Je sais que je
risque la mort. Je compte sur toi pour **prendre soin du**[12] domaine.
Veille[13] aussi sur ma fille. Je sais qu'elle t'aime bien.

Évidemment, le jardinier promet.

Le soir, le jardinier est inquiet pour le roi qu'il considère
comme son père. Il **réclame**[14] donc l'aide du géant. Celui-ci arrive
sans tarder et lui dit :

---

[7] **dorés**   golden, gilded
[8] **bonnet**   cap
[9] **peau**   skin
[10] **félicite**   congratulate

[11] **soulagé**   relieved
[12] **prendre soin du**   take care of
[13] **Veille**   watch out
[14] **réclame**   calls for

— Repose-toi et **prends des forces**[15]. Demain, je vais revenir.
Ne crains rien[16]. Tout va bien aller pour le roi, **grâce à**[17] toi !
— Grâce à moi ?
— Oui, dors bien. Je reviendrai demain matin.

Le lendemain, le géant revient. Il enlève d'abord le bonnet
du jardinier et découvre ses beaux cheveux d'or. Il lui fait ensuite
mettre un bel habit bleu et or. Puis, il le fait monter sur un cheval
blanc **pur-sang**[18]. Enfin, il lui donne une **épée**[19] d'or :
— Cette épée fera des merveilles ! Pars ! Va sauver l'armée du roi.
Je suis avec toi !

Le jardinier, qui a toutes les apparences d'un prince, arrive sur
le **champ de bataille**[20]. En une heure, il tue plus d'ennemis que
toute l'armée du roi ne l'a fait en deux jours ! Après seulement
deux heures, la bataille est gagnée.

Sans **s'attarder**[21] sur le champ de bataille, le jardinier revient
au trot. Il remet son bonnet et ses vêtements de travail. Le soir, le
roi revient, très fatigué mais très heureux de sa victoire **inespérée**[22].
Il va voir le jardinier et lui dit :
— Jardinier, tu aurais aimé voir cela ! Un prince est venu nous
donner la victoire ! Il avait des cheveux d'or. Il était vêtu d'un
costume bleu et or. Son cheval était superbe.
— Connaissez-vous ce **cavalier**[23], Sire ?
— Non, mais j'ai promis de lui donner la moitié de mon
royaume. Je lui donnerai aussi la main de ma fille. J'ai ordonné
à mes hommes de l'annoncer dans toute la ville et de retrouver ce
cavalier.

Le jardinier sourit. Il ne dit rien pour le moment. Il garde
son secret.

---

[15] **prends des forces**   get your strength back
[16] **Ne crains rien**   don't be afraid
[17] **grâce à**   thanks to
[18] **pur-sang**   thoroughbred

[19] **épée**   sword
[20] **champ de bataille**   battlefield
[21] **s'attarder**   lingering
[22] **inespérée**   unexpected
[23] **cavalier**   horseback rider; knight

IV

Alors, tous les hommes du royaume veulent la récompense.
Ils viennent se présenter devant le roi l'un après l'autre. Plusieurs
ont **fait teindre**[24] leurs cheveux couleur or, mais aucun n'a la façon
de marcher du prince cavalier. Voyant son père découragé de le
retrouver, la princesse lui dit :
— Père, seul le jardinier ne s'est pas présenté devant vous.
Examinez-le de plus près, je vous prie.

  Pour faire plaisir à sa fille, le roi fait venir le jardinier.
Celui-ci, sur le conseil du géant, a mis son bel habit bleu et or.
Il a aussi enlevé sa **perruque**[25], montrant ainsi ses beaux cheveux
d'or. C'est ainsi qu'il se présente devant le roi.

  Le roi, qui attendait le jardinier, voit arriver son sauveteur :
même élégance, même **habit**[26] bleu et or, mêmes cheveux d'or.
Alors, le roi a un soupçon. Il se dit en lui-même :
— Mon jardinier m'a désobéi. Il est allé dans la chambre du
grenier pendant mon absence. Il mérite d'être puni…

  Mais le roi regarde le cavalier, et il se dit :
— Ce garçon a sauvé le royaume ! Il mérite la récompense !

  Alors, le roi proclame :
— C'est donc toi, cher fils, qui m'as sauvé la vie. Et tu as sauvé
le royaume tout entier ! Je suis heureux de te donner la
récompense promise. Je te donne la moitié de mon royaume.
Mais la plus belle récompense, c'est la main de ma fille. Je crois
qu'elle est d'accord !
— Je le suis aussi, Sire !

  Il y a eu une grande fête au palais. Tous les gens du royaume
ont été invités. Jamais on n'avait vu un couple si heureux. Depuis
ce temps, c'est Bon Géant qui habite la maison du jardin.

---

[24] **fait teindre**   dyed, colored   [26] **habit**   suit (of clothes)
[25] **perruque**   wig

Exercices

1. Qu'est-ce que le roi défend au jardinier pendant son absence ?

   a. Le roi lui défend d'aller dans son château.

   b. Le roi lui défend de voir la princesse.

   c. Le roi lui défend d'aller au grenier.

   d. Le roi lui défend de recevoir des amis dans son château.

2. Le jardinier obéit-il ? Que lui arrive-t-il ? Répondez par des phrases complètes.

3. Comment le garçon cherche-t-il à cacher sa désobéissance ?

   a. Le garçon teint ses cheveux en noir.

   b. Le garçon cache ses cheveux avec un bonnet.

   c. Le garçon se rase la tête.

4. Décrivez l'évolution du personnage principal dans le texte :

Difficulté à surmonter ?	*Aide reçue ?*
Situation au début ?	*Situation à la fin ?*

5. Revenez à l'illustration : trouvez, dans le conte, une phrase qui s'applique bien à cette illustration.

6. Complétez le texte à l'aide des mots suivants, que vous ferez
    précéder de l'article si nécessaire : *cavalier, cheval pur-sang,
    velours, épée, bonnet.*

    Le géant a enlevé _____ de la tête du garçon et l'a
    revêtu d'un beau costume de _____ bleu et or et a mis
    dans sa main _____ d'or. Sur le champ de bataille,
    on a vu le superbe _____ s'avancer sur son élégant
    _____ .

7. Imaginez comment le roi a raconté la bataille à son jardinier.
    Racontez-la comme il a dû le faire.

La chasse-galerie
(légende)

*L*a légende de la chasse-galerie est une des plus anciennes de la tradition orale du Québec. La chasse-galerie est une sorte de voyage fantastique réalisé dans un canot qui **vole**[1] dans les airs grâce à l'aide du **Diable**[2]. Cette version situe l'action dans les **Laurentides**[3], région montagneuse du Québec couverte d'une immense forêt.

En ancien français, le mot « chasse » signifiait « **course**[4] » ; le mot « galerie » avait le sens de fête **bruyante**[5] : c'est le **vacarme**[6] fait par Satan et son escorte de petits diables qui emportent leurs « **possédés**[7] » dans la nuit.

Pour commencer…

Avant de lire la légende, regardez-en l'illustration.

- Qui voyez-vous à bord du canot ? Combien sont-ils ?
- Où se promène le canot ?
- D'après vous, est-ce un canot ordinaire ?
- En quelle saison sommes-nous, d'après l'illustration ?

---

[1] **vole**   flies
[2] **Diable**   Devil
[3] **Laurentides**   Laurentian mountains (in Southern Quebec)

[4] **course**   race
[5] **bruyante**   noisy
[6] **vacarme**   din, racket
[7] **possédés**   possessed

La chasse-galerie (légende)

I

Dans ce temps-là, durant les longs hivers, les colons ne pouvaient plus cultiver leurs terres à cause du froid et de la neige. Pour faire vivre leur famille, ils devaient se trouver du travail ailleurs.

Chaque hiver, plusieurs colons partaient donc travailler dans les Laurentides pour la **coupe**[8] des arbres en forêt. Du mois de novembre au mois de mai, ils vivaient dans des camps de **bûcherons**[9], très loin de leur famille et de leurs amis. Ils étaient obligés, à cause des routes couvertes de neige, de vivre en exil jusqu'au printemps, sans nouvelles. En effet, aucun **moyen**[10] de transport ne leur permettait de faire le **trajet**[11].

Ce n'était pas facile pour ces hommes, surtout lorsque venaient les **Fêtes**[12]. Ils **s'ennuyaient**[13] beaucoup de leurs familles, de leurs amis et des soirées animées de leur village. Or, on sait que le Diable, qui cst **rusé**[14] quand **il s'agit de voler**[15] des **âmes**[16] au bon Dieu, peut inventer des offres **alléchantes**[17] en toutes les occasions.

---

[8] **coupe**   cutting

[9] **bûcherons**   lumberjacks

[10] **moyen**   means

[11] **trajet**   journey

[12] **Fêtes**   Christmas holidays

[13] **s'ennuyaient**   missed

[14] **rusé**   artful

[15] **il s'agit de voler**   it comes to stealing

[16] **âmes**   souls

[17] **alléchantes**   tempting

II

Cet hiver-là, la saison avait été particulièrement difficile. Les hommes **avaient le moral bas**[18] à cause du froid, du vent, de la neige et du **manque**[19] de soleil. Alors, Satan en a profité. Il a attendu jusqu'à la période des Fêtes ; il savait bien que c'est à ce moment-là que les bûcherons **s'ennuient le plus**[20].

Un soir, Satan apparaît à Tom Caribou, un bûcheron sans scrupules qu'il connaît bien :

— Si tu veux, cette année, tu pourras aller voir ta **blonde**[21], mon beau Tom !

— Comment ça, « aller voir ma blonde » ? C'est impossible ! Tu n'as pas vu la neige ?

— Rien n'est impossible à Satan ! dit le Diable. Enfin, presque rien !

— Alors, si tu le dis, amène-moi voir ma blonde. Je veux bien !

— Évidemment, répond le Diable, il y a certaines conditions… Mai tous ceux qui le désirent pourront aller passer la **veillée du Jour de l'an**[22] chez eux cette année ! Je vous propose de **courir**[23] la « chasse-galerie » !

III

Tom Caribou n'aime pas beaucoup faire un **marché**[24] avec le Diable. Cependant, il aimerait bien aller voir sa blonde. Et il sait qu'il n'est pas le seul.

— Comment ça marche, la chasse-galerie ? demande-t-il à Satan.

— Je mettrai à votre disposition un immense **canot d'écorce**[25]. Il peut voler dans les airs, au-dessus des forêts et des villages, plus vite que le vent. Vous allez être chez vous dans une demi-heure !

---

[18] **avaient le moral bas**   were down in the dumps

[19] **manque**   lack

[20] **s'ennuient le plus**   are the most bored

[21] **blonde**   (Canada) girlfriend

[22] **veillée du Jour de l'an**   New Year's Eve

[23] **courir**   to sail (aboard)

[24] **marché**   deal

[25] **canot d'écorce**   bark canoe

— Franchement, c'est trop beau pour être vrai ! dit Tom Caribou.

— C'est pourtant vrai, répond le Diable. On doit voyager de nuit. On part juste après le **coucher du soleil**[26], pour ne pas attirer l'attention. On revient à **l'aube**[27].

Tom Caribou est déjà presque convaincu. Il hésite cependant :

— Avec toi, Satan, il y a toujours un « mais ». Quelles sont donc tes conditions ?

— Bah ! Peu de choses. Premièrement, les hommes doivent savoir **ramer**[28] dans le vent **malgré**[29] les difficultés du voyage.

— Pas de problème : les hommes savent ramer !

— Deuxièmement, il ne faut jamais prononcer le nom de mon ennemi, Dieu, ou celui d'un de ses saints pendant le trajet, ni pour prier ni pour **jurer**[30].

— Ce ne sera pas facile : les hommes **sacrent**[31] à rien ! dit Tom Caribou.

— Il ne faut pas non plus porter de **médaille**[32] ni s'approcher des **clochers**[33] des églises, qui sont nombreuses quand on passe au-dessus du fleuve Saint-Laurent.

— Les hommes tiennent beaucoup à leur médaille, mais ils peuvent **s'en passer**[34] pour une nuit !

— La troisième condition, la plus importante, est celle-ci : les passagers doivent me donner leur âme s'ils ne **remplissent**[35] pas toutes ces conditions !

— Tu es dur en diable, Satan ! répond Tom Caribou. Mais mes hommes peuvent remplir les conditions. Ça me semble finalement un bon marché. Je vais en parler à mes amis.

---

[26] **coucher du soleil** sunset

[27] **l'aube** dawn

[28] **ramer** to paddle

[29] **malgré** in spite of

[30] **jurer** to swear

[31] **sacrent** curse

[32] **médaille** (religious) medal

[33] **clochers** bell-towers

[34] **s'en passer** to get along without it

[35] **remplissent** fulfill

IV

Plusieurs bûcherons n'ont pas voulu faire ce pacte avec le diable. Ils ne voulaient pas risquer leur **salut**[36] éternel pour une soirée de plaisir. Tom Caribou a quand même réussi à persuader huit hommes de prendre le risque. Il s'est dit : après tout, s'ils remplissent les conditions, ils ne courent aucun danger !

V

La veille du Jour de l'an, après le coucher du soleil, on a vu monter le canot dans le ciel d'hiver. Ceux qui prenaient le risque partaient faire la chasse-galerie en chantant à tue-tête :

> *Acabri ! Acabra ! Acabran !*
> *Satan, roi des Enfers*
> *Enlève-nous dans les airs !*

Chaque année, à partir de cet hiver-là, Satan revient faire un pacte avec les bûcherons.

VI

Plusieurs **anciens**[37] parlent encore aujourd'hui de la chasse-galerie. Ils connaissent quelqu'un… qui connaît quelqu'un… qui a vu passer des canots d'écorce remplis de possédés du Démon. Ils criaient dans le ciel la veille du Jour de l'an.

En racontant cela, les anciens **se signent**[38] pour **éloigner**[39] le Diable.

---

[36] **salut**   salvation

[37] **anciens**   elders

[38] **se signent**   cross themselves

[39] **éloigner**   to keep away

Exercices

1. Durant quelle saison les colons quittaient-ils leur ferme pour aller travailler dans le bois ? Répondez par une phrase complète.
   a. au début du printemps.
   b. au début de l'hiver.
   c. à la période des fêtes de Noël.

2. Satan propose une entente à Tom Caribou. De quoi s'agit-il ? Dans quelle intention Satan propose-t-il son aide aux bûcherons ?

3. Pendant le voyage, les hommes doivent remplir laquelle de ces conditions ?
   a. Ils ne doivent ni parler ni chanter.
   b. Ils ne doivent pas prononcer le nom de Dieu ou d'un de ses saints.
   c. Ils doivent apporter un rosaire et des médailles.

4. Revenez à l'illustration et trouvez, dans le conte, une phrase qui s'applique bien à cette illustration.

5. Complétez le texte à l'aide des mots suivants, que vous ferez précéder de l'article si nécessaire : *coucher du soleil, Diable, canot d'écorce, marché, chasse-galerie, aube.*

   Le bûcheron Tom Caribou a fait _____ avec _____. Il a proposé à ses compagnons de courir _____ à bord d'_____. Le voyage doit se faire après _____ ; le retour doit se faire avant _____.

6. Connaissez-vous des histoires qui mettent en scène le Diable ?
   Racontez-les à vos camarades de classe.

7. Pourquoi, à votre avis, Tom est-il certain que ses hommes
   rempliront les conditions du Diable ? Qu'est-ce qui leur
   arrivera si les conditions ne sont pas remplies ?

Le devin du village

*L*es **annales**[1] des premiers temps de la colonie et même du dix-neuvième siècle **font état de**[2] nombreux cas de sorcellerie. On reconnaissait à certaines personnes le don de prédire l'avenir, d'arrêter le **sang**[3], de remettre en place des **membres**[4] fracturés et de retrouver des objets perdus. Les devins étaient nombreux et on les respectait.

Dans le conte suivant, nous assistons au triomphe du simple gros **bon sens**[5]. Ce devin a beaucoup d'imagination et, il faut le dire, beaucoup de chance !

Pour commencer...

1. Lisez d'abord le titre du conte.
   - Savez-vous ce que veut dire le mot « devin » ?
   - Connaissez-vous des devins ?

2. Regardez maintenant l'illustration.
   - Quel animal voyez-vous dans la cour ?
   - Quel est, d'après vous, le personnage qui lance la bague par la fenêtre ?
   - Que font les deux jeunes gens à ses côtés ?

3. Lisez maintenant les deux premiers paragraphes du conte : pouvez-vous prévoir ce qui va arriver par la suite ? Pensez-vous que le devin va trouver la bague ?

---

[1] **annales**   history, records
[2] **font état de**   note, mention
[3] **sang**   blood

[4] **membres**   limbs
[5] **bon sens**   common sense

Le devin du village

I

Il était une fois un roi très riche. Il n'avait qu'une fille,
la princesse Mariane. Il adorait cette enfant. Son épouse, la reine,
était morte en lui **donnant naissance**[6]. Il ne s'était pas remarié.
En grandissant, la jeune fille ressemblait de plus en plus à sa mère.
C'était, pour le roi, une raison de plus pour l'aimer.

Le jour où Mariane a eu douze ans, le roi lui a offert un
cadeau « royal » : une **bague**[7] avec un beau diamant. C'était
la bague de fiançailles de sa mère. La jeune fille en était très fière.
Elle la portait tout le temps. Chaque soir, elle la plaçait sur sa
table de chevet[8]. Dès son réveil, elle la remettait à son **doigt**[9] **en
l'embrassant**[10].

II

Or, un matin, la jeune fille ne trouve plus sa bague. Elle a
disparu ! Le roi est persuadé que les serviteurs vont la retrouver
dans la chambre. Sur son ordre, ils la cherchent partout, mais
en vain.

La jeune Mariane a tellement de peine qu'elle ne veut plus
manger. C'était un cadeau de fête et un souvenir de sa mère…
La petite est toujours triste. Alors, le roi engage douze personnes
pour **fouiller**[11] la maison :

---

[6] **donnant naissance**   giving birth

[7] **bague**   ring

[8] **table de chevet**   bedside table

[9] **doigt**   finger

[10] **en l'embrassant**   with a kiss

[11] **fouiller**   to search through

— Regardez dans les plus petits coins, insiste-t-il. Celui qui trouvera la bague aura une récompense.

Hélas ! les recherches sont vaines. Alors, le roi comprend que la bague a été **volée**[12]. Il avertit les gendarmes de la ville, mais toutes leurs **enquêtes**[13] restent vaines. Le roi et sa fille sont bien malheureux.

III

Un jour, le roi entend parler d'un fermier qui sait **deviner**[14] les choses secrètes. Il décide donc de faire venir ce devin pour trouver le voleur.

Or — c'est un secret entre nous ! — ce fermier n'est pas du tout un devin ! Il a bien, un jour, trouvé un **coffret d'argent**[15] que tout le monde recherchait, mais c'était par pur accident. Son pied avait **buté**[16] sur cet objet, un jour qu'il se promenait dans la forêt. En riant, il avait dit, à ce moment-là, qu'il était un devin ! Depuis ce temps, cependant, on le respectait comme un vrai devin.

IV

Le pauvre fermier arrive donc devant le roi, qui lui dit :
— On dit que tu es un devin et que tu peux retrouver des trésors ?
— Cela m'est déjà arrivé en effet, répond le pauvre homme.
— Alors, si tu trouves la bague de ma fille, je ferai de toi un homme riche. Demande-moi ce que tu veux en échange de ton travail.

Le pauvre homme, qui a très faim, répond au roi :
— J'accepte avec plaisir, en échange de trois bons repas.

---

[12] **volée**   stolen
[13] **enquêtes**   investigations
[14] **deviner**   to guess; to divine

[15] **coffret d'argent**   silver box
[16] **buté**   struck

V

Le roi est charmé par la modestie de ce paysan. Alors, il le fait installer dans son plus beau salon. Le soir, il lui fait servir un grand dîner par un de ses trois valets. Or, ces trois valets — que le roi croyait très fidèles — étaient justement les voleurs ! Ils avaient fait un complot pour voler la bague et se faire ainsi un peu d'argent. On comprend leur nervosité en voyant arriver le devin. Alors, ils **se tiennent sur leurs gardes**[17].

Le soir, un des valets apporte le dîner au fermier. Il attend la fin du repas sans dire un mot. Le fermier mange en silence. Ce premier des trois repas terminé, le fermier se tourne vers le valet et lui dit, en riant, en parlant de son premier repas :
— Bien ! En voilà **un de pris**[18] !

Le valet devient blanc de peur. Il ne sait pas que le fermier parle de son premier repas ! Il se croit démasqué.
— Je ne veux plus aller à la chambre de cet homme. J'ai peur de montrer que je suis coupable. Allez-y, vous autres !

Le lendemain matin, le deuxième valet apporte le petit déjeuner. À la fin du repas, le fermier le regarde et dit, d'un air satisfait :
— Bien ! Le deuxième est pris !

Le valet, fort inquiet, s'enfuit en courant avec les plats vides :
— Cet homme semble lire dans les consciences. Je ne veux plus le voir moi non plus ! dit-il aux deux autres.

Le midi, le troisième valet apporte le troisième repas à l'invité du roi. Il attend, **craintif**[19]. À la fin du repas, le fermier **se tait**[20]. Le serviteur est très nerveux. Finalement, le fermier, visiblement satisfait, regarde le valet dans les yeux et lui dit :

---

[17] **se tiennent sur leurs gardes**
   remain watchful

[18] **un de pris**   one down

[19] **craintif**   fearful

[20] **se tait**   falls silent

— Bien ! C'est terminé ! Le troisième est pris !

Le valet prend le **plateau**[21] et s'enfuit en courant. Il va retrouver les deux autres.

VI

Les trois voleurs se croient perdus ! Ils décident alors de proposer un **marché**[22] au devin : il ne faut pas qu'il les dénonce au roi. Ils se rendent donc auprès du fermier et lui disent :
— Vous avez deviné que nous avions volé la bague. Nous sommes de pauvres gens. Nous avions besoin d'argent pour nos familles.

Le devin ne répond rien. Il regarde les trois hommes, qui sont de plus en plus nerveux :
— Essayez de nous comprendre. Nous avons tous trois une femme et des enfants. Ne nous dénoncez pas. Voici la bague. Et voici trois cents pièces d'or, pour vous remercier de votre compréhension.

Le fermier est fort surpris de les entendre. Il se dit qu'il a bien de la chance. Jamais il n'aurait découvert les voleurs par lui-même :
— D'accord, dit le fermier, mais vous avez votre leçon maintenant. Vous devez être honnêtes avec le roi et sa fille !

VII

Sur ces paroles, le fermier met calmement l'argent dans sa poche. Puis, en compagnie des valets, il ouvre la fenêtre et voit une **oie**[23] qui mange du grain dans la cour. En riant, il lance la bague à l'oie. Comme le diamant brille au soleil, l'oie l'**avale**[24] d'un coup de bec.

Les valets sont horrifiés ! Ils pensent que le devin est un fou. Le fermier, lui, semble satisfait. Il se rend auprès du roi et lui dit :

---

[21] **plateau**   tray
[22] **marché**   deal

[23] **oie**   goose
[24] **avale**   swallows

— Je vous remercie, Sire, des trois excellents repas.

— Combien de temps te faut-il, devin, pour me dire où est la bague ?

— Je peux vous le dire immédiatement, Sire mon roi. Allez voir dans le **gésier**[25] de l'oie.

Le roi est étonné, mais il a confiance en ce devin. Il ordonne donc à un de ses serviteurs de tuer l'oie et d'examiner son gésier.

La bague y est !

VIII

Le roi est si content qu'il invite le fermier et sa femme à un grand repas. Il leur fait servir… de l'oie accompagnée de plusieurs autres bons **mets**[26] ! Le roi apprécie l'amabilité de ses invités. Après le banquet, le roi, **reconnaissant**[27], offre au couple de venir vivre dans son château.

— J'ai besoin d'un conseiller. Un devin est ce que je peux espérer de mieux ! J'ai aussi besoin d'une gouvernante pour ma fille.

IX

Depuis ce temps, le fermier et sa femme vivent tous les deux dans le château. Ils sont devenus les amis du roi et de la princesse.

On parle encore aujourd'hui du fameux devin.

---

[25] **gésier**   gizzard
[26] **mets**   dishes, foods

[27] **reconnaissant**   grateful

~

Exercices

1. Pourquoi la jeune fille aime-t-elle tellement sa bague ?
   Répondez par une phrase complète.
   a. parce que c'est un souvenir de sa mère.
   b. parce qu'elle coûte cher.
   c. parce que c'est la seule bague qu'elle a.

2. Dans le premier paragraphe, on lit cette phrase :
   « En grandissant, la jeune fille ressemblait de plus en plus
   à sa mère. C'était pour le roi une raison de plus pour
   l'aimer ». Dites à quel mot se réfère le pronom personnel
   « l' » dans la deuxième phrase.
   a. à « sa mère », la femme du roi.
   b. à « la jeune fille », la fille du roi.
   c. à la bague.

3. Le fermier est-il un vrai devin ? Les serviteurs ont-ils raison de
   le craindre ?

4. Que demande le « devin » comme salaire ? Et que dit-il après
   chacun de ses repas ? Que veut-il dire ? Qu'est-ce que les
   serviteurs comprennent ?

5. Pourquoi le devin lance-t-il la bague dans la cour ?
   Pensez-vous qu'il a un plan ?

6. Décrivez l'évolution du personnage principal dans le texte :

Difficulté à surmonter ?	*Aide reçue ?*
Situation au début ?	*Situation à la fin ?*

7. Revenez à l'illustration : trouvez, dans le conte, une phrase qui s'applique bien à cette illustration.

8. Complétez le texte à l'aide de la forme correcte des mots suivants, que vous ferez précéder de l'article si nécessaire : *devin, oie, fouiller, bague, voler, deviner.*

   Le roi a fait _____ le château pour retrouver _____ de sa fille. Le paysan devait _____ où était la bague. Après le repas du _____, les serviteurs lui disent qu'ils ont _____ la bague. Le devin lance la bague à _____ dans la cour.

9. D'après vous, le devin a-t-il bien agi en ne dénonçant pas les voleurs ?

10. Avec vos camarades de classe, imaginez une petite pièce de théâtre : les trois repas du fameux devin avec les serviteurs qui ont peur.

La Bête-à-sept-têtes
(1ère partie)

Ce conte est **semblable à**[1] la légende grecque d'Hercule et du combat contre l'Hydre de Lerne. La popularité de ce conte est sans doute due à son « personnage » central, la Bête. Elle réunit la force, la **laideur**[2] et la voracité. Avec ses sept têtes, elle peut tout voir, tout entendre, tout dévorer. Sept, c'est le nombre parfait de beaucoup de mythologies, celui d'une force invincible.

Pour commencer…

1. Avant de lire le conte, lisez-en d'abord le titre :
   - De quel genre d'animal est-il question dans le titre du conte ?
   - Quel est, d'après vous, le caractère (le tempérament) de cet animal ?

2. Le chiffre « sept » est souvent employé dans les textes populaires. On dit que c'est un nombre parfait. Qu'est-ce que vous connaissez qui est au nombre de sept (dans la mythologie, la philosophie, la religion, le folklore) ?

3. Observez bien l'illustration :
   - Que fait la vieille femme avec les chiens ?
   - Avez-vous une idée de ce que ces chiens vont faire dans l'histoire de la Bête-à-sept-têtes ?

---

[1] **semblable à**   similar to   [2] **laideur**   ugliness

La Bête-à-sept-têtes (1ère partie)

I

Il était une fois une femme qui vivait seule avec son fils Louis. Leur maison était située près d'une forêt. La femme y **cueillait**[3] des petits fruits et des herbes sauvages. Le jeune garçon savait **prendre à la trappe**[4] de petits animaux. Avec leur **chair**[5], la mère préparait de bons plats. Elle échangeait leur fourrure contre de la **farine**[6] quand elle allait au village.

Le jour de ses quinze ans, le garçon dit à sa mère :
— Maman, je suis assez grand maintenant pour me chercher un emploi. Je veux gagner de l'argent et vous aider.
— Tu as raison, Louis. Tu dois apprendre un **métier**[7]. Tu as bon cœur et beaucoup de talent : je sais que tu vas réussir.
— Chère maman, vous avez des provisions pour un mois. Je vais donc partir sans inquiétude dès demain matin. Je vais revenir avant trente jours.

II

Tôt, le lendemain, la mère se lève et prépare quelques galettes pour son fils :
— Sois courageux, mon fils. Sois bon. Surtout, sois généreux

---

[3] **cueillait**   gathered, picked
[4] **prendre à la trappe**   trap
[5] **chair**   flesh

[6] **farine**   flour
[7] **métier**   profession, trade

envers les gens que tu rencontreras. Souviens-toi : tu ne regretteras jamais un bon **geste**[8].

Le jeune homme embrasse sa mère et il part. Il sait qu'un village se trouve derrière la forêt. Alors, il marche bravement. Il va toujours dans la même direction en observant la **mousse**[9] sur les arbres. Il avance d'abord d'un pas assez rapide. Il espère arriver au village avant la nuit.

Hélas, la forêt devient de plus en plus dense. À la fin de la journée, il est obligé de dormir sous les **étoiles**[10]. Heureusement, il lui reste encore deux galettes. Il en prend une, garde l'autre pour le lendemain et s'endort sous un arbre.

Le lendemain matin, quand le jeune homme ouvre les yeux, il aperçoit une vieille femme qui le regarde :
— Bonjour, mon fils.
— Bonjour, grand-mère. Vous semblez **épuisée**[11] : que puis-je faire pour vous ?
— J'ai très faim. Aurais-tu quelque chose à me donner à manger ?
— Certainement, grand-mère, il me reste une bonne galette. Elle va vous faire du bien.

La vieille accepte la galette. Au même instant, elle devient radieuse. Elle est toute transformée.
— Merci, mon garçon. Tu es généreux. Je vais l'être aussi. Comme je sais que tu es habile à la **chasse**[12], j'ai un cadeau pour toi.

En disant ces mots, la vieille étend son châle sur le **sol**[13]. Curieusement, le châle se met à bouger :
— Regarde sous le châle, mon fils !

Louis lève le châle et aperçoit trois beaux chiens :
— Ils sont pour toi, mon garçon.

---

[8] **geste**   gesture
[9] **mousse**   moss
[10] **étoiles**   stars

[11] **épuisée**   exhausted
[12] **chasse**   hunting
[13] **sol**   ground

— Comme ils sont beaux !

— Tu seras en sécurité avec ces chiens. De plus, ce sont des amis qui vont être très utiles à la chasse. Ils ont des pouvoirs magiques. Le premier s'appelle « **Entend-clair**[14] ». Il entend de très loin le plus petit bruit. Il peut t'**avertir**[15] des dangers. Le second s'appelle « **Court-vite**[16] ». Il peut dépasser le plus rapide coureur. Le troisième s'appelle « **Brise-fer**[17] ». Il est très fort ; il peut **broyer**[18] du métal, réduire en poudre un mur de pierre. De plus, si tu te sens fatigué, tu peux monter sur son dos ; il peut te porter comme un cheval. Il est très rapide.

— Merci bien, Madame, dit Louis. Ce sont de très beaux cadeaux !

III

Louis reprend donc son chemin dans la forêt. Il se sent maintenant en sécurité avec ses trois amis. Il marche encore quelques heures. Tout à coup, il voit Entend-clair qui **dresse**[19] les oreilles et bouge la queue nerveusement. Louis aperçoit alors un **lièvre**[20] qui se sauve au loin. Il ordonne à Court-vite d'attraper le petit animal. **En l'instant de le dire**[21], Court-vite ramène le lièvre aux pieds de son maître. Louis et ses trois amis vont pouvoir **se régaler**[22] ! Il demande à Brise-fer de couper du bois et de faire de l'espace pour un petit feu, et il prépare un bon repas.

Avec ses trois amis, Louis a maintenant la vie facile. La marche en forêt est devenue un véritable sport, même si la végétation est dense. Brise-fer ouvre des chemins dans les **buissons**[23] épais et à travers les **ronces**[24]. À l'heure des repas,

---

[14] **Entend-clair**   Clear-Hearing
[15] **avertir**   warn
[16] **Court-vite**   Fast-Running
[17] **Brise-fer**   Iron-Breaker
[18] **broyer**   to grind
[19] **dresse**   raises

[20] **lièvre**   hare
[21] **En l'instant de le dire**   in a second
[22] **se régaler**   to have a delicious meal
[23] **buissons**   bushes
[24] **ronces**   brambles

Entend-clair et Court-vite trouvent du **gibier**[25]. L'**équipe**[26] fonctionne à merveille. Louis est content. Cependant, il compte les couchers de soleil… Il est parti de chez lui depuis maintenant quinze jours. Il ne se décourage pas ; il continue sa marche.

IV

Un matin, Louis arrive à une **clairière**[27]. Il voit un château et, autour, plusieurs maisons. Il est heureux de sortir enfin de la forêt. Il court au village. En marchant dans les rues, Louis remarque que tous les habitants ont l'air bien tristes. Il demande à un villageois ce qui se passe.

— Vous êtes sûrement un étranger, répond le villageois. Vous ne connaissez pas notre malheur ?

— Que se passe-t-il ? demande Louis.

— Tous les sept ans, la Bête-à-sept-têtes vient dans la clairière dévorer une jeune fille. Demain, c'est la fille bien-aimée du roi qui va être dévorée. Nous avons beaucoup de peine. Tout le monde aime beaucoup la princesse et le roi son père.

— Mais personne n'a tenté de tuer ce monstre ?

— Plusieurs ont essayé de le tuer, mais tous y sont morts. Même l'armée du roi n'a pu **en venir à bout**[28]. Avec ses sept têtes monstrueuses et ses dents énormes, la Bête dévore tout sur son passage.

Louis veut aider ces gens. Accompagné de ses trois chiens, il se rend près du château. Il voit la jeune princesse qui se promène tête basse dans le jardin : elle doit mourir le lendemain. Louis se promet de la sauver.

---

[25] **gibier** game
[26] **équipe** team
[27] **clairière** glade, clearing
[28] **en venir à bout** put an end to it

V

Le lendemain, à l'**aube**[29], Louis se rend dans la clairière. C'est là que doit **avoir lieu**[30] le sacrifice. Il voit la jeune fille attachée à un **poteau**[31] près du bois. On l'a laissée seule, comme l'**exige**[32] la Bête. Au loin, le **charretier**[33] qui l'a amenée attend le spectacle, l'air réjoui. C'est un homme cruel, qui aime la vue du sang.

Louis s'approche de la jeune fille :
— Éloignez-vous de moi, étranger ! dit la princesse. La Bête s'en vient. Elle va vous dévorer aussi ! De grâce, fuyez !
— Belle princesse, je suis prêt à donner ma vie pour sauver la vôtre.
— Je ne veux pas vous voir mourir. Fuyez ! dit la jeune fille.
— Mais il n'est pas nécessaire de mourir ! Soyez confiante. Mes chiens et moi, nous allons tuer la Bête.

La pauvre princesse sourit à Louis. Elle trouve le garçon gentil mais bien **naïf**[34].

Hélas, il va mourir aussi, pense-t-elle…

À suivre.

---

[29] **l'aube**   dawn

[30] **avoir lieu**   take place

[31] **poteau**   post

[32] **exige**   requires

[33] **charretier**   cart driver

[34] **naïf**   innocent, naive

Exercices

1. Pourquoi le garçon quitte-t-il la maison ? Répondez par une phrase complète.
   a. parce qu'il ne s'entend pas avec ses parents.
   b. parce qu'il aime mieux vivre en ville.
   c. parce que la maison est trop petite.
   d. parce qu'il doit se trouver un emploi.

2. Que se passe-t-il lors de la rencontre avec la vieille femme ? D'après vous, qui est cette vieille femme ?

3. Revenez à l'illustration : trouvez, dans le conte, une phrase qui s'applique bien à l'illustration.

4. Dans ce conte, vous avez appris plusieurs mots nouveaux, comme *gibier, chair, farine, galette*. Avec ces mots et avec d'autres que vous connaissez, composez une phrase ou un paragraphe.

5. Quelle est la spécialité de chacun des trois chiens ? Racontez à vos camarades de classe comment l'équipe fonctionne. Quel genre de chien aimeriez-vous avoir vous-même ?

6. Pourquoi les gens du village sont-ils tristes ? Répondez par une phrase complète :
   a. parce que le roi du village est mort.
   b. parce que la Bête-à-sept-têtes a dévoré des gens du village.
   c. parce que la Bête-à-sept-têtes va dévorer la fille du roi.
   d. parce que la fille du roi est très malade.

7. Comment la princesse réagit-elle devant la promesse que fait Louis ?

La Bête–à–sept–têtes
(2ᵉ partie)

Pour commencer...

1. Avant de lire le conte, observez l'illustration. Décrivez la scène que vous y voyez.

2. Pensez-vous que Louis et ses chiens seront victorieux ?

3. Qu'est-ce qui arrivera à la Belle, d'après vous ?

La Bête-à-sept-têtes (2e partie)

I

En attendant le monstre, Louis reste près de la jeune fille avec ses trois chiens. Soudain, Entend-clair **sursaute**[1]. On comprend que la Bête approche. Quelques minutes plus tard, on entend un bruit d'arbres **écrasés**[2]. À ce moment, un être monstrueux sort de la forêt. C'est la Bête-à-sept-têtes ! Elle va droit vers la princesse. Ses sept têtes **bougent**[3] au bout de ses sept **cous**[4]. Ses **narines**[5] lancent des flammes et ses **langues**[6], longues comme des serpents, **pendent**[7] en salivant.

— Quel festin ! dit la Bête. Je croyais n'avoir qu'une pauvre fille à dévorer. Mais voici un beau garçon et trois belles bêtes bien **grasses**[8] !

II

Louis donne à ses chiens le signal du combat. Alors, Court-vite attaque. Il **mord**[9] la Bête-à-sept-têtes de tous les côtés. Brise-fer coupe une tête, puis une deuxième, puis une autre. Le sang **gicle**[10]. Le sol est maintenant tout rouge. La Bête n'a pas le temps

---

[1] **sursaute**   jumps up with a start
[2] **écrasés**   crushed
[3] **bougent**   move about
[4] **cous**   necks
[5] **narines**   nostrils

[6] **langues**   tongues
[7] **pendent**   hang (out)
[8] **grasses**   fat
[9] **mord**   bites
[10] **gicle**   squirts out

de se préparer au combat : une quatrième tête tombe bientôt
sous la dent des chiens.

La Bête **n'en peut plus**[11]. Elle demande un répit. Avec
noblesse, Louis accepte d'arrêter le combat. Il en profite pour aller
parler à la princesse. Mais celle-ci a perdu connaissance. Louis
prend alors le **mouchoir**[12] que la belle tient dans sa main.
Il ordonne à Court-vite d'aller le **mouiller**[13] dans la **source**[14]
du village. Alors, le garçon **humecte le front**[15] de la jeune fille :
— Ne craignez rien, belle princesse. Nous serons bientôt
victorieux ! Vous allez pouvoir retourner chez votre père.

La Bête revient bientôt. Elle est reposée, pleine de force.
De leur côté, les trois chiens attendent le signal. La bataille
reprend. On ne voit plus que des **tourbillons**[16] de **pattes**[17] et
de **queues**[18] dans un **nuage**[19] de sang ! La cinquième tête vole dans
les airs, puis la sixième. Bientôt, les sept têtes sont dispersées dans
la clairière autour du corps inanimé du monstre.

III

Alors, Louis rappelle ses chiens. Il court auprès de la princesse.
Il la **ranime**[20] et l'encourage :
— Belle princesse, tout danger est maintenant passé. Ne craignez
plus.

Puis, aidant la jeune fille à se lever, il lui dit :
— La Bête est morte, Madame. Vous êtes libre. Retournez chez
votre père le roi. Il sera si heureux de vous retrouver !

---

[11] **n'en peut plus** can't go on
[12] **mouchoir** handkerchief
[13] **mouiller** to dampen
[14] **source** spring, well
[15] **humecte le front** moistens the
forehead

[16] **tourbillons** whirls
[17] **pattes** paws
[18] **queues** tails
[19] **nuage** cloud
[20] **ranime** revives

La jeune fille veut remercier l'étranger. Elle veut lui dire qu'elle aimerait le revoir. Mais elle se sent trop faible. Elle ne peut prononcer un seul mot. Elle se laisse transporter jusqu'à la **charrette**[21] qui doit la ramener au château. Louis a mal au cœur de laisser une si belle jeune fille entre les mains du charretier, un homme qui semble si mauvais.

En quittant le champ de bataille, Louis fait le tour des têtes et y découpe les sept langues. Il les met dans son sac comme autant de trophées. Quand Louis est parti, le charretier veut profiter de la situation. Il ordonne à la princesse de l'attendre. Puis, il va chercher les sept têtes et il les jette dans sa charrette.
— Quel idiot, ce garçon ! Il n'a pas apporté les têtes comme preuve de sa victoire ! Il ne connaît sans doute pas la récompense que promet le roi à celui qui a tué la Bête-à-sept-têtes ! C'est moi qui aurai la récompense !

L'affreux charretier ordonne à la princesse de dire au roi que c'est lui qui a tué le monstre. Il la menace d'une mort plus terrible encore si elle n'obéit pas.

IV

Quand ils arrivent au château, la pauvre princesse se jette **en sanglotant**[22] dans les bras du roi. Le charretier dit au roi :
— La Bête est morte grâce à moi. J'attends ma récompense !

La princesse, toute tremblante, ne le contredit pas.
— Je dois **tenir parole**[23], charretier, dit le roi. Puisque c'est toi qui as tué la Bête-à-sept-têtes, tu auras la moitié de mon royaume. Je dois aussi te donner la main de ma pauvre fille. Demain, nous donnerons au palais un grand dîner. Tous les gens du royaume seront invités à fêter ton courage. Puis, dans une semaine, les fêtes recommenceront pour fêter votre mariage.

---

[21] **charrette**   cart

[22] **en sanglotant**   sobbing

[23] **tenir parole**   keep my word

Le soir même, le roi demande qu'on annonce le banquet royal. Tout le monde doit y être. On fêtera la victoire sur la Bête-à-sept-têtes.

V

Le banquet est somptueux. Tous les gens sont joyeux. Le village a retrouvé sa vie. Seule la princesse reste triste, car son père l'a promise à cet horrible charretier.

Avant le dessert, le roi présente à l'assemblée le **soi-disant vainqueur**[24] de la Bête-à-sept-têtes :

— Voici celui qui a réussi à tuer la Bête-à-sept-têtes ! Vous avez l'honneur de parler à un héros ! Posez-lui les questions que vous désirez.

— Comment avez-vous fait ? demande quelqu'un dans l'assemblée.

— Euh… Je voyais les sept têtes menacer, les longs cous s'agiter, les narines lancer des flammes, les langues longues comme des serpents… Alors, je n'ai écouté que mon courage. J'ai pris un **pieu**[25] et je l'ai enfoncé dans les **gueules**[26] ouvertes. La Bête **se démenait**[27]. Mais j'ai agi rapidement : elle n'a pas eu le temps de se défendre ! Elle suffoquait. J'ai profité de son **énervement**[28] pour **trancher**[29] ses sept **gorges**[30] avec mon épée.

— Quelle preuve donnez-vous que vous dites la vérité ? demande un autre.

Le vilain charretier **déplie**[31] alors une couverture. Il laisse rouler les horribles têtes ensanglantées au milieu de **l'assistance**[32]. La foule lance un **cri d'épouvante**[33]. Les yeux convulsés, les

---

[24] **soi-disant vainqueur**   so-called victor, winner
[25] **pieu**   stake
[26] **gueules**   mouths (of an animal)
[27] **se démenait**   threw itself about
[28] **énervement**   irritation

[29] **trancher**   slit
[30] **gorges**   throats
[31] **déplie**   unfolds
[32] **l'assistance**   gathering
[33] **cri d'épouvante**   scream of terror

narines sanglantes, la chair **déchiquetée**[34] : c'est un horrible
spectacle !
— Voici le trophée de mon combat, dit le charretier.

Louis voit alors la malhonnêteté du personnage. Il comprend
la peine de la princesse. Alors, il décide de parler :
— Ouvrez les gueules, charretier, et montrez-nous les langues dont
vous avez parlé ! crie Louis.

Le charretier ouvre alors la gueule de la première tête :
pas de langue ! Il ouvre une seconde gueule : pas de langue non
plus ! Il commence à se sentir mal.

La princesse, alors, s'avance. La situation lui donne du
courage :
— Cet homme n'est pas celui qui a tué la Bête-à-sept-têtes,
dit-elle. Le véritable héros, il est là, dans la salle.

Le roi ordonne au jeune homme désigné par sa fille d'avancer.
Louis vient se placer près de la princesse. Le roi regarde Louis
avec sympathie :
— Je crois que ma fille dit la vérité et que c'est vous, le héros.
Cependant, j'ai besoin d'une preuve, dit le roi.
— Voici les langues ! dit Louis en ouvrant son sac. Voyez aussi
le mouchoir avec lequel j'ai ranimé la pauvre princesse, **évanouie**[35]
de peur. Voyez ses initiales brodées en lettres d'or !

Le roi est heureux et soulagé. Il félicite alors Louis. Il est fier
de donner sa fille et la moitié de son royaume à un garçon si brave
et si discret.

VI

Le charretier veut s'enfuir, **prétextant**[36] une indigestion. Le roi
le retient :

---

[34] **déchiqueté**   shredded   [36] **prétextant**   claiming
[35] **évanouie**   fainted

— Toi, tu restes entre mes mains. Demain, tu seras exécuté pour avoir abusé de ma confiance.

Cependant, Louis implore la clémence du roi :
— Laissez-le retourner à sa charrette. Qu'il continue de transporter le **fumier**[37] des animaux. Sa vie est déjà assez horrible comme ça !

Le roi accorde le vœu de Louis. Il **renvoie**[38] le charretier. Puis, oubliant ce malheureux, il invite l'assemblée au banquet de **noces**[39].
— Aurais-tu un autre vœu à formuler ? dit-il à Louis.
— Oui, Sire mon roi. Permettez-moi d'aller chercher ma mère. Je lui ai promis de revenir avant trente jours !

Le roi accepte avec joie. Il **prête**[40] aux deux jeunes gens son plus beau **carrosse**[41]. Louis et sa fiancée y prennent place, puis ils vont chercher la femme. Quand le carrosse arrive, la mère de Louis croit rêver. Elle voit son garçon qui en descend avec une jolie princesse à son bras :
— Mon fils chéri ! s'écrie-t-elle en embrassant Louis.
— Montez avec nous, chère maman. Nous vous emmenons vivre avec nous au palais. Le roi vous attend. Nous vivrons toujours ensemble.

La mère et la princesse font connaissance et sympathisent toutes les deux.
— J'ai toujours désiré avoir une fille. Aujourd'hui, Louis m'en donne une. Quel bonheur !

Quand le carrosse arrive au château, la noce va commencer. Les trois voyageurs mettent les superbes habits qu'on leur a

---

[37] **fumier**   manure
[38] **renvoie**   sends away
[39] **noces**   wedding
[40] **prête**   lends
[41] **carrosse**   coach

préparés. Les musiciens ouvrent le bal. Tous les gens du royaume sont présents, y compris les pauvres et les infirmes.

VII

J'y suis allé aussi, mais Court-vite m'a ramené jusqu'ici pour que je vous raconte cette histoire. Je fais mieux d'obéir, car Entend-clair écoute sûrement et Brise-fer se chargerait de me faire obéir !

Exercices

1. Comment se passe le combat ? Décrivez-le à vos amis.

2. À la demande de la Bête, Louis accepte avec noblesse d'arrêter le combat. Pensez-vous que Louis a raison d'accepter ?

3. Que fait Louis avant de quitter le champ de bataille ?
   a. Il embrasse la princesse.
   b. Il met les sept têtes dans son sac.
   c. Il met les sept langues dans son sac.
   d. Il fait manger la Bête par ses chiens.

4. Que fait le charretier quand Louis a quitté le champ ?
   a. Il va féliciter Louis.
   b. Il prend le corps de la Bête et le met dans son chariot.
   c. Il prend les sept têtes de la Bête.
   d. Il quitte le champ de bataille immédiatement.

5. Le charretier dit à l'assemblée que c'est lui qui a tué le
   monstre. Comment Louis prouve-t-il que c'est un mensonge ?
   a.   Il montre les sept langues de la Bête.
   b.   Il montre les sept têtes de la Bête.
   c.   Il montre le mouchoir de la princesse.
   d.   Il montre les trois chiens qui l'ont aidé.

6. Décrivez l'évolution du personnage principal dans le texte :

Difficulté à surmonter ?	*Aide reçue ?*
Situation au début ?	*Situation à la fin ?*

7. Revenez à l'illustration : trouvez, dans le conte, une phrase
   qui s'applique bien à cette illustration.

8. Complétez le texte à l'aide de la forme correcte des mots
   suivants, que vous ferez précéder de l'article si nécessaire :
   gueule, narine, langue, cou, champ.

   La Bête avait sept têtes au bout de sept longs _____.
   Du feu sortait de ses _____. Avant de quitter
   _____, Louis prend les sept _____ dans les
   _____ du monstre et les apporte comme trophées.

9. Décrivez comment Louis s'est montré généreux envers deux de ses adversaires.

   a.   envers la Bête

   b.   envers le charretier

10. Trouvez-vous que Louis a raison d'implorer la clémence du roi envers le charretier ?

Les loups–garous (légende)

*L*es gens ont toujours été intrigués par le concept de la métamorphose (transformation d'un homme en animal) : on retrouve l'homme-tigre dans les contes africains et l'homme-**loup**[1] dans les contes européens. Au Québec, aux XVIIᵉ et XVIIIᵉ siècles, ce type de légende prenait une **saveur**[2] religieuse.

Le loup-garou, personnage ordinairement **malfaisant**[3], est connu dès le Moyen Âge, sous le terme de « leu garou ». En langue celtique « garou » veut dire l'homme. Les Francs ont laissé un autre mot encore : « wariwul ».

Pour commencer...

Avant de lire la légende, regardez l'illustration.
- Quels sont les deux personnages que vous voyez dans l'illustration ?
- Quelle sorte d'animal se tient devant l'homme ? Croyez-vous que c'est un chien ordinaire ?
- L'homme semble-t-il heureux de voir cet animal ?

---

[1] **loup**   wolf
[2] **saveur**   flavor

[3] **malfaisant**   harmful; evil

Les loups-garous (légende)

I

C'était un dimanche après-midi. On sait que, le dimanche, les hommes ne travaillent pas aux champs. C'est leur **journée de congé**[4]. Plusieurs se retrouvent alors au parc du village. Ils parlent de tout et de rien.

Ce dimanche-là, leur conversation semblait bien sérieuse. C'était le vieux Léonard qui avait des choses à raconter. Les autres écoutaient d'un air grave :

— Connaissez-vous ça, vous autres, les loups-garous ?

— Qu'est-ce que c'est ? dit le jeune boulanger.

II

Alors, Léonard tire de sa mémoire l'histoire que son père lui **contait**[5].

— Dans ce temps-là, dit le vieux, si une personne ne payait pas sa **dîme**[6], si elle n'allait pas à la messe le dimanche et si elle **ne faisait pas ses Pâques**[7] pendant sept ans de suite, elle était transformée, la nuit, en loup-garou. Chaque nuit, ça recommençait. Elle était alors sous le contrôle de Satan. À moins d'être délivrée par quelqu'un, elle devait se promener la nuit pendant sept autres années sous l'apparence de cet animal.

---

[4] **journée de congé**   day off

[5] **contait**   used to tell

[6] **dîme**   tithe (church taxes)

[7] **ne faisait pas ses Pâques**   did not take communion

— Comment ça, « être délivrée » ? demande le jeune homme,
fort impressionné.

— Une personne métamorphosée en loup-garou, **poursuit**[8]
Léonard, peut retrouver sa forme humaine avec l'aide de
quelqu'un. Il faut la **blesser**[9] pour lui faire verser une goutte
de sang. C'est pour ça que les loups-garous cherchent à irriter les
gens. Ils veulent être blessés ! Comme les gens ordinaires ne savent
pas qu'ils **ont affaire à**[10] un loup-garou, ils en ont peur.

— Ouf ! Je ne voudrais pas me battre avec un loup-garou !
continue le même jeune homme.

— Tu as raison, car ce n'est pas facile ! Si on ne réussit pas
à faire **couler**[11] une goutte de sang, la bête se sépare en deux.
On fait alors face à deux loups-garous ! Si le coup réussit,
la personne possédée retrouve sa forme humaine. On lui a alors
rendu un bien grand service !

— Et toi, Léonard, tu crois à ça ? demande le **boulanger**[12].

— Bien sûr que je crois à ça !

— Mais il n'y a jamais personne qui en a vu, des loups-garous !
dit le boulanger.

— Oh ! Il ne faut pas dire cela ! répond Léonard. Mon père
connaît un homme qui a été transformé en loup-garou. Il ne faut
pas rire de cela ! Voulez-vous que je vous en parle ?

— Raconte ! Léonard. On aime ça, avoir peur !

III

— Joachim Crête était le **meunier**[13] du village de Beauséjour.
C'était la fin de novembre, la saison de la dîme. Tous les
paroissiens[14] devaient alors donner au curé **le vingt-sixième**[15]

---

[8] **poursuit**   continues
[9] **blesser**   to hurt, to injure, wound
[10] **ont affaire à**   are dealing with
[11] **couler**   flow

[12] **boulanger**   baker
[13] **meunier**   miller
[14] **paroissiens**   parishioners
[15] **le vingt-sixième**   one twenty-sixth

de leur récolte. Joachim Crête, lui, ne voulait pas faire sa part pour l'**entretien**[16] de l'**église**[17] du **curé**[18].

— Si le curé n'est pas content, il n'a qu'à s'en aller ailleurs !
De plus, je ne vais jamais à l'église. Je n'ai pas de raison de donner mon argent !

Et c'était vrai. Joachim Crête n'allait jamais à l'église.
Le dimanche, pendant la messe, il continuait à travailler ou il jouait aux cartes avec son homme de service. Le curé l'avait pourtant bien averti :

— Il pourrait t'arriver malheur, Joachim, si tu ne remplis pas ton **devoir**[19] de chrétien !

— Allez conter ça à quelqu'un d'autre ! avait répondu Joachim.

IV

Un mois plus tard, c'est le soir de Noël. Tous les paroissiens se rendent à l'église pour la messe de Minuit. Vers onze heures du soir, on entend les **clochettes**[20] des **carrioles**[21] et les chants des paroissiens dans la nuit.

Bien installés à une table, nos deux amis jouent aux dames bien tranquillement. Ils **surveillent**[22] en même temps le **moulin**[23] :

— Noël, c'est un jour comme les autres, après tout ! dit Joachim.

Mais Joachim Crête est quand même nerveux. Il se souvient des paroles du curé : « Un malheur peut **frapper**[24] ceux qui ne font pas leurs devoirs de chrétiens ».

— Tu es distrait, Joachim, dit son compère. Joue donc !

— Excuse-moi, je pensais à autre chose.

---

[16] **entretien**   maintenance, support
[17] **église**   church
[18] **curé**   parish priest
[19] **devoir**   duty
[20] **clochettes**   small bells

[21] **carrioles**   (Canada) sleighs
[22] **surveillent**   are watching
[23] **moulin**   mill
[24] **frapper**   strike

V

Les deux hommes reprennent alors leurs cartes. Soudain, les **roues**[25] du moulin cessent de tourner. Inquiet, Joachim descend à la cave du moulin pour voir ce qui se passe. Et il ne remonte plus ! Il a dû rester en bas au moins une heure.

Son ami, qui entend des bruits, descend finalement à son tour. Quelle n'est pas sa surprise, en ouvrant la porte de la **cave**[26], d'apercevoir un énorme chien — semblable à un loup — qui **se tient debout**[27] devant lui, à la manière d'un homme !

VI

L'ami est convaincu qu'il a affaire à un animal dangereux.
— Ce loup a sans doute dévoré Joachim !

Il saisit une barre de fer et frappe l'animal **en plein front**[28].

Alors, du sang se met à couler. Au même instant, Joachim réapparaît :
— Merci ! Tu m'as délivré !
— Ah ! J'ai eu peur ! C'était donc toi ? Tu étais devenu loup-garou, toi ?
— Bien oui ! Le curé avait peut-être raison ! Je ne croyais pas à ça, pourtant !
— Viens prendre un verre, Joachim, pour te remettre de tes émotions !
— Sais-tu, répond le meunier, je n'ai plus soif. J'aimerais mieux aller **prendre une marche**[29] dehors.

---

[25] **roues**   wheels
[26] **cave**   cellar
[27] **se tient debout**   standing

[28] **en plein front**   in the middle of its forehead
[29] **prendre une marche**   take a walk

Les deux hommes sortent. Sans dire un mot, ils se dirigent vers l'église. Ils arrivent juste pour le « Minuit, chrétien », ce chant **solennel**[30] qu'ils n'ont pas entendu depuis bien longtemps :

Minuit, chrétiens, c'est l'heure solennelle
Où l'Homme-Dieu descendit jusqu'à nous

Le curé, qui les voit s'**agenouiller**[31] à l'arrière de l'église, est bien content. Les paroissiens viennent, après la messe, leur offrir leurs vœux. Évidemment, Joachim Crète et son homme **ne se vantent pas de**[32] leur aventure dans la cave du moulin !

VII

Quand Léonard a fini son histoire, il commençait à **faire noir**[33]. Les hommes se sont dispersés, **songeurs**[34]. La plupart ont sans doute raconté à leur femme, une fois que les enfants ont été couchés, la légende du loup-garou. Ce n'est vraiment pas une histoire pour les enfants !

Exercices

1. D'après cette légende, pourquoi un individu est-il transformé en loup-garou ? Répondez par une phrase complète.

   a. parce qu'il aime beaucoup les animaux.

   b. parce qu'il est allé à la chasse aux loups.

   c. parce qu'il n'a pas fait ses devoirs de chrétien.

   d. parce qu'il aime se promener la nuit.

---

[30] **solennel**   solemn

[31] **agenouiller**   kneeling

[32] **ne se vantent pas de**   don't boast about

[33] **faire noir**   to get dark

[34] **songeurs**   pensive

2. Comment peut-on, d'après la légende, délivrer une personne qui a été changée en loup-garou ?

3. Pourquoi les loups-garous irritent-ils les gens ?
   a. parce qu'ils sont méchants.
   b. parce qu'ils veulent jouer.
   c. parce qu'ils veulent être blessés.
   d. parce qu'ils veulent punir les méchants.

4. Revenez à l'illustration : trouvez, dans le conte, une phrase qui s'applique bien à cette illustration.

5. Pourquoi Joachim Crête a-t-il été transformé en loup-garou ? Comment a-t-il été délivré ?

6. Complétez le texte à l'aide de la forme correcte des mots suivants : *avoir affaire à, prendre une marche, clochette, messe de Minuit, meunier, fait couler.*

   Le soir de Noël, on entend les _____ des traîneaux. Les paroissiens se rendent à _____, mais le _____ et son homme jouent aux cartes. À la cave, l'ami du meunier ne sait pas qu'il _____ un loup-garou. Il se bat et _____ du sang du front de l'animal. Ensuite, les deux hommes _____ vers l'église.

7. Croyez-vous aux loups-garous ? Croyez-vous qu'un être humain peut vivre dans le corps d'un animal ? Discutez-en avec vos camarades de classe.

La princesse
au nez long

Dans ce conte, on voit un garçon qui a été **gâté**[1] par son père. Le récit le montre dans des situations difficiles ; il n'y est pas préparé. Il risque alors de perdre son héritage et celui de son frère. Heureusement, grâce à sa **marraine la fée**[2] — et à son **astuce**[3] — il trouve le moyen de se venger d'une vilaine princesse.

Pour commencer…

1. Lisez le titre du conte et regardez l'illustration. D'après vous, qui est la jeune fille qui court ? Semble-t-elle joyeuse ? Pourquoi court-elle, pensez-vous ?

2. Que tient le garçon dans sa main droite ? Qu'est-ce qui est arrivé, selon vous ?

---

[1] **gâté**   spoiled
[2] **marraine la fée**   fairy godmother

[3] **astuce**   craftiness

La princesse au nez long

I

Un homme avait deux fils. Sa femme était morte à la naissance du plus jeune. Il avait pitié du pauvre petit qui n'avait pas connu sa mère. Aussi, il l'avait beaucoup gâté.

Un jour, l'homme tombe gravement malade. Il appelle alors ses deux fils âgés de 16 et 20 ans :
— Mes enfants, je sais que je vais mourir. Je vais vous révéler un secret. Votre mère avait une fée pour marraine. Cette bonne fée nous a fait deux présents merveilleux. Je vous les donne en héritage aujourd'hui.

Au plus jeune, le père donne une **bourse**[4] remplie de pièces d'or :
— Tu peux tirer de cette bourse autant d'or que tu voudras. Elle en contiendra toujours. Mais fais-en bon usage !

À l'**aîné**[5], le père donne une **ceinture de cuir**[6] ornée de pierres précieuses :
— Avec cette ceinture, tu peux te déplacer dans l'instant de le dire !

Le père recommande ensuite à ses fils d'être bons l'un pour l'autre. Puis, il ferme les yeux… pour toujours.

---

[4] **bourse** purse
[5] **aîné** elder

[6] **ceinture de cuir** leather belt

II

Peu de temps après, les deux garçons vont vivre au village.
Or, dans ce village, il y a un château où vivent le roi, la reine
et leur fille. La princesse a bien des **défauts**[7] : elle est stupide,
gourmande[8] et **méchante**[9], mais elle est très belle.

Un jour, le plus jeune des deux garçons va admirer le château.
Il voit la princesse qui se promène dans le parc :
— Belle princesse, permettez-moi de marcher avec vous, dit-il
gentiment.
— Non. Jamais ! Je ne parle pas aux pauvres gens. Laissez-moi
la paix ! dit la jeune fille, d'un ton dédaigneux.
— Mais je ne suis pas un pauvre ! Voyez cette bourse magique !
Je peux en tirer tout l'argent que je veux. Elle ne sera jamais
vide[10] !

La princesse s'approche alors, curieuse. Elle **arrache**[11]
la bourse des mains du garçon. Puis, elle court au château.

III

Le pauvre garçon a perdu sa fortune ! Il retourne à la maison
en pleurant[12]. Il dit à son frère :
— Prête-moi ta ceinture magique ! En voyant mon pouvoir,
la princesse ne pourra pas me résister !

L'aîné refuse d'abord. Cependant, il se rappelle les paroles
de son père. Alors, il prête sa ceinture à son jeune frère.

À l'instant, le garçon est devant le jardin du roi.
Heureusement, la princesse est encore là :
— Belle princesse, voyez ! Je me déplace comme le vent grâce
à cette ceinture merveilleuse ! Permettez-moi de marcher un peu
avec vous.

---

[7] **défauts**   faults, weaknesses
[8] **gourmande**   greedy
[9] **méchante**   ill-natured, spiteful
[10] **vide**   empty
[11] **arrache**   snatches
[12] **en pleurant**   weeping

La princesse s'approche. Elle demande à voir la ceinture.
Le jeune homme la détache. Alors, elle l'arrache des mains
du garçon. Puis, elle court au château.

IV

Le garçon est en colère. La mauvaise fille l'a humilié deux fois.
Il **a honte**[13] de sa naïveté. Il n'ose plus rentrer chez lui. Il s'en va
alors marcher dans la forêt. Il se demande comment se sortir
de cette mauvaise situation.

— Si la marraine de ma mère me voyait, elle m'aiderait sûrement !
pense-t-il.

Il marche encore. Il a faim. Heureusement, il trouve
un **pommier**[14] plein de belles pommes rouges. Il cueille vite
une pomme et en prend une **bouchée**[15]. Horreur ! Son nez se met
à **allonger**[16] : un pied, deux pieds… Il mesure bientôt dix pieds
de long !

— Quelle horreur ! Que m'arrive-t-il ?

Le pauvre garçon ne peut plus avancer : son nez **traîne**[17] à
terre. Il l'enroule autour de sa **taille**[18]. Puis, il continue sa marche.
Plus loin, il voit un **poirier**[19]. Il cueille une poire et en prend
une bouchée. Son nez devient plus court ! Il prend une autre
bouchée, et son nez diminue encore !

— Ouf ! Mais c'est amusant ! s'écrie-t-il. La pomme fait allonger
le nez ; la poire le fait raccourcir !

Il s'amuse quelques instants avec les deux fruits. Il prend
une bouchée de pomme : son nez allonge. Il prend une bouchée
de poire : son nez diminue !

— Cela me donne une idée. C'est l'occasion de me venger de

---

[13] **a honte**   is ashamed
[14] **pommier**   apple tree
[15] **bouchée**   mouthful
[16] **allonger**   lengthen

[17] **traîne**   drags
[18] **taille**   waist
[19] **poirier**   pear tree

la vilaine princesse ! Ces fruits sont sûrement un cadeau de notre marraine !

V

Le garçon prend alors trois belles pommes et trois belles poires. Puis, il retourne au jardin. La princesse est là.
— Regardez, princesse, les belles pommes !

La jeune fille, gourmande, lui arrache les fruits des mains. Elle les dévore en courant au château. Le garçon est content ! Il la regarde s'éloigner. Derrière elle, il voit le nez qui s'allonge toujours et qui traîne derrière elle !

Depuis ce moment, la princesse vit **enfermée**[20] dans sa chambre. Elle ne veut se montrer à personne. Le roi fait venir chaque jour un des meilleurs **médecins**[21] du monde entier. Aucun, cependant, ne peut soulager la princesse de son infirmité. Le roi est découragé.

VI

Au bout d'un an, un médecin inconnu se présente au château :
— Sire, mon roi, je connais le mal dont souffre votre fille. Je peux la **guérir**[22].
— Si vous réussissez, docteur, je vous donnerai beaucoup d'argent. Je vous donnerai même la main de ma fille !
— Je n'ai pas besoin de votre argent. Encore moins de la main de votre fille ! Je veux seulement la guérir.

Le roi est étonné. Ce médecin a l'air honnête. Et il est généreux. Le roi le fait donc conduire à sa fille. Dans sa **trousse**[23], ce curieux médecin a… une belle pomme, une belle poire et un **couteau**[24] !

---

[20] **enfermée** closed
[21] **médecins** physicians
[22] **guérir** cure

[23] **trousse** instrument case
[24] **couteau** knife

VII

La princesse ne reconnaît pas le jeune garçon sous son
déguisement. En entrant, le soi-disant médecin s'exclame :
— Quelle horreur ! Votre nez mesure bien vingt pieds !
— Soulagez-moi vite, si vous le pouvez. Et cessez vos
commentaires !
— D'accord. J'utiliserai des remèdes naturels. Prenez ce morceau
de fruit, dit-il. Il lui donne alors une tranche de poire.

La princesse mange **du bout des lèvres**[25]. Immédiatement,
son nez diminue de trois ou quatre pieds. Elle est bien contente.
Elle en veut encore. Le faux médecin lui donne alors un morceau
de pomme. Le nez rallonge, rallonge, et devient encore plus
long qu'avant.
— Je ne comprends pas, dit le médecin. Le remède réussit
ordinairement. Il y a un mystère. Peut-être avez-vous quelque
chose à vous reprocher ? Avez-vous tué quelqu'un ou… volé
quelque chose ?
— Euh ! Je n'ai tué personne. J'ai commis un petit **vol**[26] auprès
d'un idiot. Ce n'est pas grave !
— Un idiot, dites-vous ? Rendez-moi ce que vous avez volé.
Sinon, vous ne pouvez pas guérir. Vous allez avoir un nez de vingt
pieds pour le reste de votre vie !

La pauvre fille remet alors la bourse volée. Le médecin la met
dans sa trousse d'un air désintéressé. Il lui donne alors un morceau
de poire. Le nez de la princesse raccourcit d'une quinzaine de
pieds **d'un seul coup**[27]. Vite, il lui donne un morceau de pomme :
son nez rallonge.
— L'effet s'arrête encore, dit le médecin. Je ne comprends pas.
Vous devez avoir autre chose à vous reprocher. N'avez-vous pas
commis un autre vol ?

---

[25] **du bout de lèvres**   half-heartedly   [27] **d'un seul coup**   at one go
[26] **vol**   theft

La jeune fille **avoue**[28]. Elle remet au médecin la ceinture magique. Le garçon la met à sa taille et il disparaît immédiatement avec sa trousse et ses secrets !

VIII

On n'a jamais revu le fameux médecin. Enfermée dans sa chambre, la vilaine princesse n'est pas belle à voir. Son physique ressemble désormais à son **sale**[29] caractère !

Exercices

1. Quel présent merveilleux le père fait-il au plus jeune garçon ? Et au plus âgé ? Lequel des deux cadeaux préférez-vous ?

2. Quelle recommandation le père fait-il en mourant à ses deux enfants ?
   a. Il leur recommande de se méfier des jeunes filles.
   b. Il leur recommande de bien utiliser leur héritage.
   c. Il leur recommande d'être bons l'un envers l'autre.
   d. Il leur recommande de manger des pommes et des poires.

3. Pourquoi, pensez-vous, le grand frère prête-t-il sa ceinture à son frère ? Répondez par une phrase complète.
   a. parce qu'il veut que son frère quitte la maison.
   b. parce qu'il n'aime pas son frère.
   c. parce qu'il se rappelle les conseils de son père.
   d. parce qu'il n'aime pas cette ceinture.

---

[28] **avoue**   confesses   [29] **sale**   filthy

4. Quels sont les défauts de la princesse ? Et pourquoi le jeune homme s'intéresse-t-il à la jeune fille ?

5. De qui le garçon cherche-t-il à se venger ? Comment se venge-t-il ?

6. Décrivez l'évolution du personnage principal dans le texte :

Difficulté à surmonter ?	*Aide reçue ?*
Situation au début ?	*Situation à la fin ?*

7. Revenez à l'illustration : trouvez, dans le conte, une phrase qui s'applique bien à cette illustration.

8. Complétez le texte à l'aide des mots suivants, que vous ferez précéder de l'article si nécessaire : *prêter, ceinture, allonger, bourse, princesse, bouchée.*

   Le jeune garçon a montré _____ remplie de pièces d'or à _____. Puis, il a demandé à son grand frère de lui _____ sa _____ magique. La vilaine princesse a pris _____ de la pomme, et son nez a commencé à _____.

9. Imaginez une autre fin à cette histoire.

Gilbert et le roi

D ans ce conte, il est question d'un **prétendant**[1] pour la fille du roi. Il faut dire que, dans les contes, on donne souvent le nom de roi à toute sorte de personnages importants, comme les maires des villages et les propriétaires de grandes terres.

Le conte montre que, lorsqu'un **sot**[2] veut aider un autre sot, ils ne font tous deux bien souvent que multiplier la **sottise**[3] par deux ! Ce n'est pas la meilleure manière de faire une bonne impression à une princesse et à son père !

Pour commencer…

1. Lisez le titre du conte ainsi que le premier paragraphe. Regardez maintenant l'illustration : D'après vous, lequel des deux garçons est Gilbert ? Qui, pensez-vous, est l'autre garçon ?

2. Pouvez-vous deviner le caractère des deux garçons d'après leurs gestes ?

[1] **prétendant**   pretender, suitor   [3] **sottise**   stupidity
[2] **sot**   fool

Gilbert et le roi

I

Il y avait une fois une **veuve**[4] qui restait seule avec son fils de vingt ans. Le garçon s'appelait Gilbert. Il n'était vraiment pas très brillant. De plus, il était très timide.

Un jour, au village, le pauvre garçon voit passer la fille du roi. Il la trouve si belle qu'il en tombe amoureux :
— Mère, je viens de voir la princesse. Je l'aime à en mourir. Je veux l'**épouser**[5] !

II

La mère, surprise, répond à Gilbert :
— C'est vrai que tu as l'âge de te marier. Seulement, mon garçon, tu n'es pas bien riche. Tu n'es pas très **débrouillard**[6] non plus… Je me demande comment tu peux convaincre le roi de te laisser marier sa fille…

La mère regarde Gilbert : il est découragé. Elle veut l'aider. Or, elle sait que son pauvre fils dit ordinairement tout le contraire du bon sens. Alors, elle a une idée. Elle dit à Gilbert :
— Si tu gagnes la confiance du roi, tu peux sans doute épouser sa fille. Tu peux ainsi nous sortir de la **misère**[7]. Seulement, il va sûrement s'informer de ta fortune… et tu ne dois pas **mentir**[8] au roi.

---

[4] **veuve**   widow
[5] **épouser**   to marry
[6] **débrouillard**   resourceful, clever

[7] **misère**   poverty
[8] **mentir**   lie

— Mais, maman, je n'ai presque rien ! Je ne vais pas réussir si je dis la vérité ! De plus, je suis terriblement **gêné**[9]. J'ai peur de me présenter devant le roi !

— Je pense que j'ai trouvé une solution. Demande à ton ami Marc de t'accompagner chez le roi. Il va t'aider. Il n'aura qu'à dire le contraire de ce que tu dis : et tout aura du bon sens ! Toi, tu n'auras pas menti au roi !

— C'est une bonne idée, maman !

Gilbert part donc trouver Marc. Celui-ci accepte de l'accompagner au château. À vrai dire, cet ami n'est pas non plus le plus brillant des garçons, mais il est sûr de lui-même. Il accepte d'aider Gilbert.

III

Les deux garçons arrivent chez le roi. Heureusement, le roi, ce jour-là, est de bonne humeur. Il veut bien recevoir les deux garçons en compagnie de sa fille. Alors, Gilbert, tout gêné, sans regarder le roi ni la fille, déclare :

— Majesté, je veux épouser votre fille.

— Tu veux épouser ma fille, mon garçon ? demande le roi.

— Euh…

— Majesté, vous avez devant vous le meilleur candidat, dit Marc.

— Es-tu riche, **au moins**[10] ? demande le roi à Gilbert.

— Euh… Nous avons une petite terre. Euh… Une toute petite terre, dit Gilbert.

Aussitôt, son ami prend la parole :

— Ah ! « une toute petite terre » ! Il veut rire ! **Presque**[11] toute la campagne **environnante**[12] lui **appartient**[13] !

---

[9] **gêné**   embarrassed

[10] **au moins**   at least

[11] **presque**   almost

[12] **environnante**   surrounding

[13] **appartient**   belongs

Le roi se tourne vers sa fille. Il lui fait un signe de satisfaction : ce garçon lui semble être un **bon parti**[14]. Il est très riche, mais il reste humble.

— As-tu beaucoup de machines pour cultiver tes terres ? ajoute le roi.

Gilbert répond :
— Euh… J'ai une toute petite machine.

L'ami **ajoute**[15] :
— Il dit qu'il a « une toute petite machine » ! Quelle humilité ! Il en a une petite et des centaines d'énormes ! C'est le fermier le mieux équipé de tout le pays !

Le roi semble satisfait et murmure à l'oreille de sa fille :
— C'est certainement le meilleur parti pour toi !

IV

Gilbert, inquiet de ce que le roi dit à sa fille, devient très agité. Il commence à **se gratter**[16] nerveusement. Le voyant faire, le roi lui demande :
— Mais, qu'as-tu donc à te gratter ainsi ?
— Euh… Ce n'est rien. Euh… J'ai un petit **bouton**[17] sur la **poitrine**[18], répond Gilbert.

Son ami Marc continue de **jouer son rôle**[19] :
— Il dit qu'il a « un petit bouton » ! Quelle discrétion ! Tout son corps est couvert de boutons !

La princesse, en entendant cela, grimace de **dégoût**[20] et s'en va. Quant au roi, il exige que Gilbert et son ami quittent les lieux.

---

[14] **bon parti**   good match
[15] **ajoute**   adds
[16] **se gratter**   scratch himself
[17] **bouton**   pimple
[18] **poitrine**   chest
[19] **jouer son rôle**   to play his part
[20] **dégoût**   disgust

V

Je suis allé, moi qui vous parle, voir Gilbert. Il m'a dit qu'il se demandait bien ce que le Roi allait décider !

Exercices

1. Pourquoi l'ami de Gilbert doit-il dire le contraire de ce que dit Gilbert ? Pensez-vous que c'est une bonne stratégie ?

2. Répondez aux questions suivantes par une phrase complète :
   a. Donnez les deux raisons qui font croire au roi que Gilbert est un bon parti.
   b. Expliquez pourquoi, à la fin, la princesse n'est pas intéressée à épouser Gilbert.

3. En faisant la lecture du texte, vous avez appris plusieurs nouveaux mots ou nouvelles expressions. En voici quelques-uns : *gratter, débrouillard, boutons.* Dans le passage qui suit, remplissez les espaces vides par le mot voulu.

Gilbert n'est pas très _____. Devant le roi, il devient très nerveux. Il n'arrête pas de se _____ la poitrine. Son ami dit que tout le corps de Gilbert est couvert de _____.

4. Décrivez l'évolution du personnage principal dans le texte :

Difficulté à surmonter ?	*Aide reçue ?*
Situation au début ?	*Situation à la fin ?*

5. Revenez à l'illustration : trouvez, dans le conte, une phrase qui s'applique bien à cette illustration.

6. Inventez une fin différente à ce conte. Racontez-la oralement ou par écrit.

Le fin voleur
(1ère partie)

*L*e personnage central de ce conte, Ti-Jean, pratique un curieux métier. Il se dit voleur professionnel. Le conteur sait bien qu'un voleur n'est pas très sympathique aux gens, mais il se place, en riant, du côté du garçon. Au fond, il **fait ici l'éloge de**[1] l'intelligence.

On profitera de ce conte pour se familiariser avec des noms de métier : bûcheron, **menuisier**[2], **cordonnier**[3], **boucher**[4], **pâtissier**[5] et… voleur !

Pour commencer…

1. Avant de lire le conte, lisez-en d'abord le titre. Selon vous, qu'est-ce qu'un « fin voleur » ?

2. Regardez ensuite l'illustration. Qui, pensez-vous, est le personnage sur la paille ? Que fait-il ? Qui sont les trois autres personnages ?

3. D'après vous, qu'est-ce qui va arriver ?

---

[1] **fait… l'éloge de**   sings the praises of
[2] **menuisier**   carpenter
[3] **cordonnier**   shoemaker

[4] **boucher**   butcher
[5] **pâtissier**   pastry cook

Le fin voleur (1ère partie)

I

Il y avait une fois un couple qui avait trois grands garçons. La famille n'était pas riche. Le père était bûcheron. La mère travaillait comme domestique chez son frère, le roi du village. Leurs trois fils faisaient de petits travaux. Comme les jeunes gens mangeaient beaucoup, les parents ne pouvaient plus les nourrir.

Un jour, le père et la mère disent aux trois garçons :
— Vous devez aller apprendre un métier. Nous ne pouvons plus vous garder à la maison.

II

Les garçons savent que leurs parents ont raison. Alors, ils quittent la maison et prennent la route. Ils marchent longtemps tous les trois. Bientôt, ils arrivent à un **carrefour**[6] :
— Nous devons nous séparer, dit le plus vieux. Ainsi, nous trouverons du travail plus facilement.
— D'accord, disent les deux autres. Nous nous retrouverons à la maison dans un an exactement.

Au bout d'un an, les trois frères reviennent à la maison :
— Moi, dit le plus vieux, je suis devenu menuisier.

---

[6] **carrefour**   crossroads

— Moi, dit l'autre, je suis devenu cordonnier.

— Moi, dit le plus jeune, je suis devenu fin voleur.

Les deux frères et les parents **n'en reviennent pas**[7] :

— « Fin voleur » ? Ce n'est pas un métier ! s'exclame la mère. Comment as-tu pu apprendre ça ?

— Auprès de voleurs professionnels. J'ai réussi mon test d'entrée, et ils m'ont accepté.

— Un test d'entrée ?

— Oui, j'ai réussi un vol très difficile. Ensuite, j'ai étudié et pratiqué la profession. Je suis **fier**[8] d'être maintenant un fin voleur.

Les parents sont désolés. Ils ont un voleur comme fils !

III

Le lendemain, la mère va travailler chez son frère, comme d'habitude. Le roi lui demande :

— Pourquoi es-tu si nerveuse ?

— Je ne voulais pas t'en parler… mais j'ai besoin d'un conseil. Imagine, mon plus jeune garçon, Ti-Jean, a choisi le métier de fin voleur… Imagine, un v-o-l-e-u-r !

— Ne t'inquiètes pas ; **je vais m'en occuper**[9]. Il ne faut pas rire de lui : je connais notre Ti-Jean. C'est un garçon intelligent. Laisse-moi lui faire passer un petit test pour le décourager de voler. Dis-lui de venir me voir demain.

Le lendemain, le garçon se présente chez son oncle :

— Mon garçon, tu dis que tu es un fin voleur ?

— C'est la vérité, mon oncle.

— Tu sais, ce n'est pas un honneur d'avoir un voleur dans sa famille… Cependant, si tu es excellent en quelque chose, c'est signe que tu es intelligent et débrouillard. Alors, je vais te prendre à mon service. Tu n'auras plus besoin de voler. Tu vas passer

---

[7] **n'en reviennent pas**   are astonished
[8] **fier**   proud

[9] **je vais m'en occuper**   I'll take care of it

trois tests. D'abord, promets-moi de ne voler rien d'autre que ce que je vais t'ordonner de prendre.

— D'accord, mon oncle.

— Demain, tu vas passer ton premier test. Si tu réussis, tu vas recevoir une grande récompense. Tu auras fini de voler. Tu comprends, on ne peut pas **endurer**[10] un voleur dans la famille. Si on t'attrape, tu devras aller en prison comme tous les voleurs.

— D'accord, mon oncle, dit Ti-Jean.

IV

Le lendemain matin, Ti-Jean se présente chez le roi :

— Donne-moi la preuve que tu es excellent dans ton métier, mon neveu. Cette nuit, tu dois voler mon petit cheval blanc. Il est dans mon **écurie**[11], gardé par trois hommes armés.

— Pas de problème ! dit le jeune homme. Je vais venir vous voir à cheval demain matin !

Le roi trouve son neveu bien **téméraire**[12].

Dans la soirée, Ti-Jean se déguise en vieux **mendiant**[13]. Puis, il s'en va à l'écurie du roi. Ce soir-là, **il pleut**[14] beaucoup. Il s'approche des gardiens et leur demande la permission de dormir dans la **paille**[15] durant la nuit :

— Je ne vais pas vous **déranger**[16] cette nuit. Et je vais partir tôt demain matin.

— Si tu n'as pas peur des voleurs, vieil homme, tu es **le bienvenu**[17]. Il y aura peut-être du bruit : on veut voler ce beau petit cheval blanc ! Si tu entends quelque chose d'anormal, avertis-nous ! **On ne sera pas trop de quatre**[18] pour surveiller le voleur !

---

[10] **endurer**   abide
[11] **écurie**   stable
[12] **téméraire**   rash
[13] **mendiant**   beggar
[14] **il pleut**   it's raining
[15] **paille**   straw
[16] **déranger**   disturb
[17] **le bienvenu**   welcome
[18] **On ne sera pas trop de quatre**   Four won't be too many

— Je prends mon dîner maintenant. On m'a fait cadeau de cette oie rôtie. Il y en a beaucoup, assez pour nous tous ! Ça a l'air délicieux ! Dînez avec moi !

— Un tout petit peu alors, répondent les gardiens. Nous sommes **de garde**[19] !

Le fin voleur rit dans sa fausse **barbe**[20] pendant tout le repas. L'oiseau est tellement bon que les gardiens ne pouvaient guère cesser de manger, et, peu de temps après, ils s'endorment profondément. Ti-Jean, pendant leur sommeil, part sur le **dos**[21] du petit cheval blanc !

Au matin, Ti-Jean **attelle**[22] le petit cheval et retourne chez son oncle :

— Comment as-tu réussi ? lui demande le roi, étonné.

— C'était un jeu d'enfant ! s'exclame Ti-Jean. N'oubliez pas, mon oncle, je suis un fin voleur !

À suivre.

Exercices

1. Pourquoi les trois garçons doivent-ils quitter la maison de leurs parents ? Répondez par une phrase complète.

   a. parce que leurs parents ne les aiment pas.

   b. parce que leurs parents sont trop pauvres pour leur donner à manger.

   c. parce que la maison est trop petite pour les loger.

   d. parce que les parents sont malades.

---

[19] **de garde**   on duty
[20] **barbe**   beard

[21] **dos**   back
[22] **attelle**   harnesses

2. Quel métier a appris chacun des garçons ? Répondez par des phrases complètes.

Le plus vieux _____

Le second _____

Le plus jeune _____

3. Les parents sont-ils fiers de leurs enfants ?
   a. Ils sont fiers des deux aînés mais pas du plus jeune.
   b. Ils ne sont pas fiers de leurs trois garçons.
   c. Ils sont fiers de Ti-Jean seulement.

4. Comment le roi apprend-il le métier choisi par Ti-Jean ?

5. Revenez à l'illustration : trouvez, dans le conte, une phrase qui s'applique bien à cette illustration.

6. Complétez le texte à l'aide des mots suivants, que vous ferez précéder de l'article si nécessaire : *se déguiser, menuisier, métier, cordonnier, oie rôtie, fin voleur, bûcheron.*

Le père de famille était _____ ; le plus vieux des garçons a appris _____ de _____ ; le second a appris celui de _____ ; le plus jeune a appris le métier de _____. Pour voler le petit cheval du roi, le garçon a dû _____ ; il a donné _____ aux gardiens.

7. Comment auriez-vous réagi, à la place des parents, en apprenant le métier du plus jeune garçon ?

8. Que pensez-vous de la réaction de l'oncle du garçon ?

9. Racontez à vos camarades de classe comment Ti-Jean a réussi à voler le petit cheval.

10. Imaginez le vol raconté par un des gardiens au roi. Écrivez-en le récit.

Le fin voleur
(2ᵉ partie)

Pour commencer...

Avant de lire la suite de ce conte, regardez l'illustration :
- D'après vous, qui est le personnage en bas ?
- Voyez-vous un vrai personnage à la fenêtre ?
- Que fait le garçon, d'après vous ?

Le fin voleur (2ᵉ partie)

I

Ti-Jean a réussi son premier test. Le Roi admet que son neveu est intelligent et débrouillard.

— Tu vas maintenant passer ton deuxième test, dit le roi.

— D'accord, mon oncle. Qu'est-ce que c'est ?

— Si tu es aussi fin que tu le dis, viens voler les **pains**[1] dans mon **four**[2]. Viens à midi juste. Le boulanger est un vrai géant. Je vais lui dire de surveiller le voleur !

— D'accord, mon oncle. Pas de problème !

— Le roi trouve son neveu bien **sûr de lui-même**[3].

Ti-Jean va alors chez le boucher. Il lui demande la peau d'un gros **mouton**[4] et se la met sur les **épaules**[5]. À midi moins cinq, il se dirige **à quatre pattes**[6] vers le four à pain. Il tourne autour du boulanger. Il **s'accroche**[7] partout. Il **renverse**[8] tous les **plats**[9]. Il marche dans la **farine**[10]…

Le boulanger se dit en lui-même :

— Il faut **chasser**[11] ce mouton. Le voleur va bientôt arriver !

---

[1] **pains** loaves of bread

[2] **four** oven

[3] **sûr de lui-même** self-assured, confident

[4] **mouton** sheep

[5] **épaules** shoulders

[6] **à quatre pattes** on all fours

[7] **s'accroche** clings, hangs around

[8] **renverse** upsets, turns over

[9] **plats** trays, platters

[10] **farine** flour

[11] **chasser** drive out

Alors, nerveux, le boulanger court à la cuisine chercher un **balai**[12] pour chasser l'animal. Quand il revient de la cuisine, le mouton a disparu. Et le pain aussi ! Le boulanger **est bien attrapé**[13].

II

Le lendemain matin, le roi fait venir Ti-Jean :
— Mon garçon, tu es bien **habile**[14]. Tu dois être très intelligent. Il te reste cependant un dernier test. Si tu réussis celui-là, tu auras la récompense promise. Tu n'auras plus besoin de voler. Tu pourras mener une vie honnête. **Sinon**[15], tu iras en prison comme tous les voleurs !
— J'accepte, mon oncle. Qu'est-ce que c'est ?
— Cette nuit, tu dois venir voler le **drap**[16] de notre lit. Ma femme et moi, nous serons sur nos gardes.
— D'accord ! dit Ti-Jean. Pas de problème !

Cette fois, Ti-Jean doit prouver qu'il est un expert. Il se fait donc un mannequin avec un de ses habits. Il le remplit avec de la paille. Il forme une tête avec du **tissu**[17]. Puis, il lui met son propre béret. Ensuite, il va voir le boucher. Il lui demande de remplir un sac avec du **sang**[18] frais. Il le cache dans le mannequin.

Au milieu de la nuit, Ti-Jean met le mannequin au bout d'une **perche**[19]. À minuit, il le monte jusqu'à la fenêtre de la chambre. Le roi et la reine l'attendent :
— Il est un peu naïf d'arriver par la fenêtre de notre chambre, dit le roi. Je l'ai averti. Cette fois, il se conduit comme un vulgaire voleur ! Il ira en prison. Je dois tenir parole…

---

[12] **balai**   broom
[13] **est bien attrapé**   has been had all right
[14] **habile**   clever
[15] **sinon**   otherwise

[16] **drap**   bedsheet
[17] **tissu**   cloth
[18] **sang**   blood
[19] **perche**   pole

Alors, le roi prend un bâton, ouvre sa fenêtre et frappe le mannequin en pleine poitrine. Le sang **gicle**[20]. La reine est **affolée**[21] :

— Tu as blessé notre neveu ! Pauvre Ti-Jean ! Descends vite ! Il est peut-être mort !

III

Quand le roi ouvre sa porte et sort de la chambre, Ti-Jean y entre :

— Vite, ma femme ! dit Ti-Jean à la reine, en imitant la voix du roi. Donne-moi le drap de lit pour envelopper son corps !

La reine prend le drap du lit et le donne à Ti-Jean en pleurant.

Le lendemain, Ti-Jean vient voir le roi avec le drap du lit. Le roi n'en revient pas :

— Vraiment, tu es très habile ! Tu as réussi.

IV

Le roi regarde son neveu. Il le trouve très intelligent. Alors, il **se souvient de**[22] sa promesse :

— Je te donne la clé de mon **coffre-fort**[23] : tu n'auras pas besoin de la voler ! Tu resteras chez moi, mais à une seule condition. Tu dois me promettre de ne plus jamais voler de ta vie !

— D'accord, mon oncle. Mais il me faut un métier !

— Je te confie le **soin**[24] de mes affaires. Tu ne dois jamais **tromper**[25] ma confiance, sinon…

— D'accord, d'accord, mon oncle !

---

[20] **gicle**   squirts out
[21] **affolée**   panic-stricken
[22] **se souvient de**   remembers

[23] **coffre-fort**   safe
[24] **soin**   care
[25] **tromper**   deceive, abuse

Ti-Jean est content. Il va vivre au château. Il mène maintenant une vie honnête. Ses parents sont fiers de lui :
— Ti-Jean nous a dit qu'il est un fin voleur. Maintenant, il n'est plus voleur, mais il est encore plus **fin**[26] !

Exercices

1. À quelle condition le roi donne-t-il du travail à son neveu ? Répondez par une phrase complète.

   a.   à la condition qu'il donne au roi tout ce qu'il va voler.

   b.   à la condition qu'il vole toujours avec le roi.

   c.   à la condition qu'il ne vole plus jamais de sa vie.

   d.   à la condition qu'il donne tout ce qu'il vole à ses parents.

2. Décrivez l'évolution du personnage principal dans le texte :

Difficulté à surmonter ?	*Aide reçue ?*
Situation au début ?	*Situation à la fin ?*

3. Comment le voleur a-t-il réussi à voler le drap du lit ? Racontez oralement ou par écrit.

---

[26] **fin**   (Canada) kind, nice

4. Revenez à l'illustration : trouvez, dans le conte, une phrase qui s'applique bien à cette illustration.

5. Complétez le texte à l'aide de la forme correcte des mots suivants, que vous ferez précéder de l'article si nécessaire : *épaule, mouton, drap, four, mannequin :*

   Le voleur va voler le pain dans _____ en mettant sur _____ une peau de _____. Il réussit à voler _____ du lit royal en faisant apparaître _____ à la fenêtre de la chambre du roi et de la reine.

6. Imaginez un autre test imposé par le roi à son neveu. Dites comment le garçon réussit ce nouveau test.

7. Croyez-vous qu'un voleur peut devenir honnête ? Si oui, à quelles conditions ? Sinon, pourquoi ? Discutez-en avec vos camarades de classe.

Rose Latulipe

L a légende de Rose Latulipe est une des plus connues au Québec. Rose fait un mauvais choix en acceptant comme partenaire de danse un homme que personne ne connaît.

Cette légende fait partie du folklore français. Elle a sans doute été apportée au Québec par le clergé colonial qui, durant les sermons, mettait en garde les jeunes gens contre les mauvaises **fréquentations**[1].

Pour commencer...

1. Avant de lire la légende, lisez-en le titre et regardez l'illustration.
   - Qui voyez-vous dans cette illustration ?
   - D'après vous, qui est la jeune femme qui danse au centre de la salle ? Décrivez le personnage qui danse avec elle. Qui est cet homme, d'après vous ?

2. Lisez maintenant les deux premiers paragraphes. Avez-vous une idée de ce qui va arriver ?

---

[1] **fréquentations** associations

Rose Latulipe

I

Chaque année, avant le début du **carême**[2], le curé invitait ses paroisiens à faire pénitence. Il leur rappelait alors l'histoire épouvantable de Rose Latulipe. Tous promettaient alors de faire pénitence.

II

Cette année-là — on était en 1740 — l'hiver était particulièrement dur. Le froid et la neige obligeaient bien des gens à rester à la maison. Et le carême allait commencer : quarante jours de **jeûne**[3] et de sacrifice avant **Pâques**[4] ! Et pas question de fêter ou de danser pendant ce temps de pénitence. Le curé l'a encore répété à la messe du dimanche : il faut faire des sacrifices pour se préparer à la fête de Pâques ! On ne doit pas manger de **sucreries**[5] ni de viande pendant ces quarante jours. On ne doit pas faire des soirées d'amusement, surtout pas de la danse, pendant ce temps de sacrifices. Sinon, le Diable **guette**[6] les mauvais chrétiens !

III

Comme d'habitude, le soir du **Mardi gras**[7] de cette année-là, tout le monde est réuni à la salle paroissiale pour une dernière soirée de danse avant le carême. La fête doit finir avant minuit ! Toutes

---

[2] **carême** Lent
[3] **jeûne** fast (days)
[4] **Pâques** Easter

[5] **sucreries** sweets
[6] **guette** lies in wait for
[7] **Mardi gras** Shrove Tuesday

les jeunes filles et tous les garçons des campagnes et du village
sont là. Une des jeunes filles, accompagnée de son fiancé, attire
l'attention de tous par son élégante **toilette**[8] et son **entrain**[9]
à la danse. C'est Rose Latulipe, la plus jolie fille de la **Rive sud**[10].
Rose est une danseuse **hors pair**[11] et elle aime se donner en
spectacle.

Au beau milieu[12] de la première danse, arrive un élégant
jeune homme. Personne ne le connaît. Il porte un habit de **drap**[13]
noir et des **gants**[14] noirs. Il s'avance tout droit vers le couple,
touche l'épaule du fiancé de Rose Latulipe et réclame sa
partenaire.

Rose est flattée d'avoir été choisie par ce beau jeune homme
qui se présente sous le nom de Luc Desmonts ou Des Monts…
Alors, Rose perd la tête. Elle ne regarde plus son fiancé. Pendant
toute la soirée, elle **n'aura d'œil que pour**[15] le bel étranger.

En commençant la danse, le **galant**[16] remarque, au cou de
Rose, une croix d'or suspendue à une chaîne.
— C'est un cadeau de mon fiancé, explique Rose.

Le beau danseur sort alors de sa poche un **collier**[17] de
diamants. Il le met au cou de Rose et lui dit d'aller remettre sa
croix à son fiancé. Évidemment, **elle ne se fait pas prier**[18] !

Le pauvre fiancé est bien malheureux : c'est un cadeau qu'il
avait choisi avec amour.

---

[8] **toilette**   outfit, dress
[9] **entrain**   liveliness, enthusiasm
[10] **Rive sud**   South shore (of the
  Saint-Lawrence River)
[11] **hors pair**   matchless
[12] **Au beau milieu**   Right in the middle
[13] **drap**   cloth
[14] **gants**   gloves
[15] **n'aura d'œil que pour**   has eyes for
  no one else but
[16] **galant**   suitor, admirer
[17] **collier**   necklace
[18] **elle ne se fait pas prier**   she doesn't
  have to be asked twice

IV

Alors commence une danse frénétique. Rose se sent **emportée**[19] par le rythme. Son nouveau partenaire est vraiment un très bon danseur ! Il la transporte, de danse en danse, tout en lui disant des compliments.

Or, minuit approche. Dans quelques minutes, ce sera le **mercredi des Cendres**[20], premier jour du carême. Malheur à ceux qui fêteront ce jour-là !

Déjà, les premiers coups de l'**horloge**[21] ont commencé à sonner : un…, deux…, trois…, quatre…, cinq…, six coups ! Rose veut cesser de danser, mais elle ne peut pas. Elle est emportée dans un tourbillon diabolique par son partenaire ! Le danseur la **serre**[22] de plus en plus près. C'est alors que Rose Latulipe sent comme une odeur de **soufre**[23] ! Elle sent aussi, à travers les gants du danseur, comme des **griffes**[24] qui entrent dans son dos. Elle a soudainement très peur !

Sept…, huit…, neuf…, dix coups ! Son père et son fiancé **s'inquiètent**[25] de la voir continuer à danser. Un malheur va la frapper ! Onze… coups !

V

Rose Latulipe voit du feu dans les yeux de son partenaire : elle lance un grand cri : « Mon Dieu Seigneur ! » et perd conscience. En entendant les mots « Dieu » et « Seigneur », le danseur libère sa partenaire. Il est minuit.

À ce moment, le curé arrive pour **bénir**[26] le carême de ses paroissiens. Il reconnaît le Diable. Alors, il s'avance vers l'étranger

---

[19] **emportée**   carried away
[20] **mercredi des Cendres**   Ash Wednesday
[21] **horloge**   clock
[22] **serre**   clutches, hugs

[23] **soufre**   sulfur
[24] **griffes**   claws
[25] **s'inquiètent**   worry
[26] **bénir**   to bless

et prononce des mots latins en faisant le signe de la croix : *Vade retro, Satanum !*

Apparemment, Luc Desmonts connaissait le latin. Il s'est enfui à travers le mur, en laissant un nuage de fumée derrière lui. Rendu dehors, il a sauté sur un cheval noir qui l'attendait. Puis, on l'a vu disparaître dans la nuit, **faisant fondre**[27] la neige sous son passage.

Le curé en a profité pour avertir ses paroissiens :
— « Luc Des Monts », c'est l'abréviation de « Lucifer Démon ». Il a **passé près de**[28] perdre une paroissienne !

Les pauvres paroissiens étaient horrifiés. Le curé avait donc raison de les mettre en garde !

VI

Quand Rose Latulipe a repris conscience, ses diamants avaient fait place à une série de petites **brûlures**[29] tout autour du cou… Elle en garde encore la trace !

C'est la dernière fois de sa vie que Rose a dansé. Plus une fois, par la suite, elle n'a voulu se lever lorsque la musique jouait.

---

[27] **faisant fondre**   melting
[28] **passé près de**   (Canada) almost
[29] **brûlures**   burns

Exercices

1. Quel jour a lieu la danse des gens du village cette année-là ?
   Répondez par une phrase complète.
   a. le mercredi des Cendres.
   b. le Mardi gras.
   c. la veille de Noël.
   d. tous les samedis soirs.

2. Décrivez le personnage qui danse avec Rose Latulipe. Sous quel
   nom se présente-t-il ?

3. Quand Rose Latulipe commence-t-elle à avoir peur ?

4. Que fait le curé ? Et que devient le fameux danseur ?

5. Revenez à l'illustration : trouvez, dans le conte, une phrase qui
   s'applique bien à cette illustration.

6. Complétez le texte à l'aide des mots suivants, que vous ferez
   précéder de l'article si nécessaire : *jeûne, gants, tourbillon,
   brûlures, Mardi gras, carême.*

   Le villageois font une danse le soir du _____ avant
   de commencer _____ du _____. Rose Latulipe
   est emportée dans _____. Soudain, elle sent des griffes
   à travers _____ de son partenaire. Dans son cou, elle
   a maintenant _____ à la place des diamants.

7. Racontez l'histoire en la mettant dans la bouche d'un des
   personnages :
   a. dans la bouche du curé
   b. dans la bouche du fiancé de Rose Latulipe
   c. dans la bouche de Rose Latulipe

Le royaume de
l'Envers de la Terre

*L*es légendes et les contes ayant pour sujet le Monde sous la Terre, **le royaume de la Terre inversée**[1] ou encore **l'Esprit des profondeurs de la Terre**[2] circulent dans différents pays de l'Afrique, de l'Europe et de l'Amérique. Dans les îles, on trouve aussi des légendes autour de la **Déesse**[3] habitant sous la mer.

Pour commencer...

1. Lisez d'abord le titre et le premier paragraphe du conte. Maintenant, regardez l'illustration. Avez-vous une idée de ce que le vieil homme raconte à ses amis ? Ses amis ont-ils l'air de le croire ?

2. Lisez maintenant le deuxième paragraphe. Avez-vous une idée de ce qui va arriver ?

3. Pensez-vous que l'illustration se rapporte au début ou à la fin de l'histoire ?

---

[1] **le royaume de la Terre inversée**
the Upside-down World

[2] **l'Esprit des profondeurs de la Terre**
the Spirit that inhabits the Depths of the Earth

[3] **Déesse** Goddess

Le royaume de l'Envers[4] de la Terre

I

Il y avait une fois un vieil homme qui vivait de la **pêche**[5]. Or, il ne trouvait presque plus de poissons dans son lac. Tous les jours, il allait un peu plus loin, mais il ne trouvait rien.

Un jour, le vieil homme va pêcher **comme d'habitude**[6]. Il se rend très loin cette fois. Il se dit :

— Je ne rentre pas à la maison **tant que**[7] je ne trouve pas de poissons.

Alors, il **rame**[8], rame, rame… Un moment donné, il arrive au bout du lac. C'est un endroit complètement sauvage. Personne, jamais, ne s'est rendu jusque là.

Avant de lancer sa ligne à pêche, le vieillard se repose un peu. Il contemple le calme de l'endroit.

— Même si je ne prends pas de poissons, j'ai bien fait de venir jusqu'ici. C'est tellement beau ! dit le pêcheur à voix haute.

II

Soudain, il voit quelque chose de brillant dans le lac. Il plonge alors sa main dans l'eau. Surprise ! Il voit dans sa main de superbes perles ! Il regarde au fond du lac : tout autour de sa **chaloupe**[9],

---

[4] **envers**   wrongside, dark side
[5] **pêche**   fishing
[6] **comme d'habitude**   as usual
[7] **tant que**   as long as
[8] **rame**   paddles
[9] **chaloupe**   rowboat

il voit un grand nombre de poissons **argentés**[10]. Ils sont gros comme des oies ! Le pauvre pêcheur n'a jamais vu de si beaux et de si gros poissons ! Il croit rêver.

Alors, il plonge lui-même dans le lac. Il descend très profondément. Il arrive bientôt au fond du lac. Là, il n'en croit pas ses yeux : il est debout sur un **gazon**[11]. Il est **entouré**[12] d'oies énormes et de jardins superbes. Les poissons, **tels**[13] des oiseaux, nagent au-dessus de sa tête. Quelle merveille !
Il comprend qu'il est parvenu dans le royaume du pays de l'Envers de la Terre. Il en a entendu parler quand il était jeune.

Il voit bientôt le Roi s'approcher de lui :
— Je suis Joachim, le roi d'ici. Je vous observe. Je sais que vous n'avez pas été chanceux ces derniers temps.
— C'est vrai, dit le pêcheur.
— Je vous ai amené chez moi, au royaume de l'Envers de la Terre. Vous aimez cet endroit ?
— C'est un endroit de rêve ! On ne peut rien désirer de mieux.
— Restez donc ici si vous le désirez, dit le Roi. Chez moi, **rien ne manque**[14]. Vous pouvez prendre du poisson **à volonté**[15]. Vous pouvez **déguster**[16] les oies que vous avez admirées **tantôt**[17]. J'ai aussi un **troupeau de vaches**[18] qui donnent un lait exquis. Vous pouvez manger les meilleurs fromages. Ici, les arbres fruitiers ne manquent pas non plus. Vous avez le choix. De plus, à la pêche, pour votre plaisir, vous êtes sûr de ramener de gros poissons.

Le pauvre pêcheur n'hésite pas. Il s'installe chez le roi. Il vit plusieurs mois de bonheur dans la richesse la plus complète.

---

[10] **argentés**   silvery
[11] **gazon**   grass, lawn
[12] **entouré**   surrounded
[13] **tels**   just like
[14] **rien ne manque**   we lack nothing
[15] **à volonté**   at will
[16] **déguster**   eat
[17] **tantôt**   a little while ago
[18] **troupeau de vaches**   herd of cows

III

Cependant, à la longue, le pêcheur **se lasse**[19] de cette vie trop facile pour lui. Un jour, il dit au roi :

— Sire, je voudrais retourner chez **les miens**[20]. Je m'ennuie ici.

— D'accord, répond le roi. Je comprends. Mais vous ne devrez dire à personne ce que vous avez vu ici. C'est un secret. Si jamais vous révélez ce secret, vous mourrez.

Le Roi ramène donc son invité à la surface des eaux. Il lui donne quelques oies. Il l'invite aussi à cueillir quelques perles afin de se faire de l'argent en les vendant à son retour.

Le vieux pêcheur remercie le Roi de son hospitalité. Puis, il revient chez lui avec son trésor.

Ses amis le croyaient mort. Alors, ils sont vraiment heureux de le retrouver. Grâce à ses perles, le vieux mène maintenant une vie **sans soucis**[21]. Il est même riche. Il peut s'acheter un champ et un troupeau. Ses amis, de leur côté, se demandent où il trouve tout cet argent.

IV

Un jour, le vieil homme va boire avec ses amis. Ceux-ci lui demandent le secret de sa fortune soudaine :

— C'est un cadeau que tu as reçu ?

— Oui. Mais c'est un secret.

Les amis du pêcheur sont intrigués :

— Sais-tu, c'est un cadeau royal que tu as reçu !

— Évidemment, puisqu'il vient d'un roi ! répond le pêcheur.

— Tu connais un roi ?

— Oui, le roi du royaume de l'Envers de la Terre !

---

[19] **se lasse**   wearies, tires

[20] **les miens**   my own (people)

[21] **sans soucis**   carefree

— Le royaume de l'Envers de la Terre ? Impossible ! **Tu nous fais marcher**[22] ! Tu connais le roi du royaume de l'Envers de la Terre ?

— Oui. C'est un de mes amis. Je suis allé vivre chez lui quelque temps.

— Alors, dis-nous comment on s'y rend.

— Ce n'est pas difficile, vous n'avez qu'à…

Le vieux va révéler son secret. Soudain, il a un malaise. Il se lève alors pour mieux respirer. Il fait quelques pas et… il tombe mort.

V

Les amis, qui l'ont vu si joyeux, ne comprennent rien. Ils le transportent sur un lit et le couvrent avec un drap. Puis, ils partent chercher le médecin. Peut-être va-t-il lui sauver la vie ?

Le médecin s'approche. Il soulève le drap et regarde : il ne voit qu'un tronc d'arbre ! Le corps a mystérieusement disparu… Les hommes qui étaient restés près de lui n'ont rien vu. Le mystère est complet.

VI

Depuis ce temps, on parle, dans le pays, du fameux royaume de l'Envers de la Terre. Personne, cependant, ne sait où il est situé. Personne non plus ne désire y aller.

---

[22] **Tu nous fais marcher !**   You're pulling our legs!

Exercices

1. Pour quelle raison le vieil homme va-t-il au bout du lac ?

2. Qu'est-ce que l'eau a de spécial à cet endroit ?

    a. Elle est rouge comme du sang.

    b. Elle est remplie de perles.

    c. Elle est couverte d'herbes noires.

    d. Elle est très agitée.

3. Quelle condition le roi impose-t-il au vieil homme pour pouvoir revenir chez lui ?

    a. Il doit dire à ses amis tous les détails de son aventure.

    b. Il doit vendre les perles qu'il rapporte.

    c. Il doit garder le secret sur ce qu'il a vu.

    d. Il doit promettre de revenir.

4. Le vieil homme remplit-il la condition du roi ? Que lui arrive-t-il ?

5. Décrivez l'évolution du personnage principal dans le texte :

Difficulté à surmonter ?	*Aide reçue ?*
Situation au début ?	*Situation à la fin ?*

6. Revenez à l'illustration : trouvez, dans le conte, une phrase qui s'applique bien à cette illustration.

7. Complétez le texte suivant à l'aide des mots suivants, que vous ferez précéder de l'article si nécessaire : *pêche, brillant, jamais, oie, lac.*

   Un matin, le pauvre homme va à _____. Il se rend au bout du _____ : l'eau est _____ et remplie de poissons gros comme des _____. Il n'a _____ vu tant de merveilles !

8. Imaginez le récit que voulait faire le pêcheur à ses amis.

9. Inventez une fin différente à cette histoire. Racontez-la oralement ou par écrit.

Jean de Calais

*J*ean est originaire de Calais, port
de pêche et de commerce autrefois
prospère. Il parcourt les mers
et connaît plusieurs aventures. Nous
présentons ici une de ces aventures, celle
qui détermine son avenir.

Un des plaisirs des lecteurs québécois
est le côté exotique de ce conte. Le héros
vient de très loin et se promène dans le
monde entier.

Pour commencer...

1. Avant de lire le conte, lisez-en le titre. Le surnom du héros
vient de sa ville natale. Dans quel pays se trouve cette ville ?
(Cherchez dans votre dictionnaire ou dans une encyclopédie.)

2. Que voyez-vous sur la grande voile du bateau qui quitte
le port ?

3. D'après vous, l'illustration montre-t-elle le début ou la fin
de l'histoire ?

4. Maintenant, lisez les deux premiers paragraphes. Pensez-vous
que Jean de Calais va réussir comme son père ? Va-t-il avoir
des problèmes ?

Jean de Calais

I

Dans ce temps-là, dans la ville de Calais, vivaient un **armateur**[1], sa femme et leur jeune fils, Jean. L'homme possédait de nombreux **navires**[2]. Il les **chargeait**[3] de marchandises précieuses qu'il allait vendre dans différents ports du pays et même du monde entier. Il était très riche.

Un jour, la mère de Jean dit à son mari :
— Jean **a bien hâte de**[4] partir en mer comme toi. Veux-tu lui préparer un bateau de marchandises ?
— Mais il est trop jeune !
— Il t'a souvent accompagné en voyage. Il sait comment faire, dit la mère.
— Mais il n'a que seize ans !
— Peut-être, mais il est très sérieux pour son âge. Il rêve de partir en mer comme toi.
— D'accord, dit le père. Tu le connais mieux que moi. Je vais lui préparer un bateau.

II

Un mois plus tard, Jean reçoit de son père un très beau bateau plein de marchandises. Fier de lui-même, le jeune homme part en mer. Comme son père, il va de port en port. Partout, cependant, il voit des gens dans la misère et qui ont vraiment besoin d'aide.

---

[1] **armateur**   ship-owner
[2] **navires**   ships, boats
[3] **chargeait**   loaded
[4] **a bien hâte de**   is in a great hurry to

Alors, il leur donne tout l'argent qu'il gagne en vendant ses marchandises. Quand son bateau est vide, il rentre à la maison et raconte à son père ce qu'il a fait.

Le pauvre père est découragé :
— Ce n'est pas comme cela que tu deviendras riche, mon fils !
— Mais, père, je ne pouvais pas laisser ces pauvres gens mourir de faim !
— Au moins, tu as un grand cœur. Mais, en affaires, ce n'est pas la plus grande qualité ! Tu dois faire de l'argent et en rapporter. Ton bateau était plein de marchandises !
— Je comprends, papa. Donne-moi une autre chance !
— Tu es trop jeune. Tu dois attendre encore deux ans. Alors, je te donnerai une autre chance, mais ce sera la dernière.

III

Au bout de deux ans exactement, Jean repart en mer avec une nouvelle **cargaison**[5]. Durant ces deux ans, il est devenu plus sérieux. Il s'est aussi construit une petite maison en dehors de la ville, près de la mer. Cependant, il n'a pas perdu son grand cœur.

Dans ce deuxième voyage, Jean a beaucoup de succès. Il fait de très **bonnes affaires**[6] et il devient très riche. Il aide encore une foule de gens sur son passage. Cependant, cette fois, il garde une partie de son argent. Il va de succès en succès.

IV

Un jour, une **tempête**[7] pousse le bateau de Jean sur une île sauvage. Jean s'installe sous les arbres pour la nuit en attendant que la mer se calme. Vers minuit, la tempête cesse. Jean se propose de partir **dès le lever du soleil**[8].

---

[5] **cargaison**   cargo freight
[6] **bonnes affaires**   good deals, business
[7] **tempête**   storm
[8] **dès le lever du soleil**   at sunrise

Durant la nuit, Jean entend des **plaintes**[9]. Il se lève et marche vers l'endroit d'où viennent les cris. Il découvre deux jeunes femmes enchaînées à un arbre. Le jeune homme les délivre et écoute leur histoire. Un horrible pirate les a **enlevées**[10] quand elles étaient jeunes, et maintenant les **loue**[11] comme esclaves. Il les a amenées dans cette île et doit venir les chercher quand il aura trouvé un autre client. Les deux jeunes femmes sont Constance et sa dame de compagnie, Isabelle.

En entendant ce récit, Jean est indigné :
— Je ne vais pas vous abandonner. Montez à bord de mon bateau ; nous voyagerons ensemble.

Les femmes ne se font pas prier. Jean est bien content d'avoir de la compagnie. Il n'est d'ailleurs pas indifférent aux charmes de Constance. Bientôt, les deux jeunes deviennent amoureux.
— Nous irons fêter notre mariage à Calais, dit Jean à son amoureuse. Mes parents seront sûrement bien heureux de te recevoir à la maison.

V

Jean retourne donc chez lui avec les deux femmes. Cependant, le père de Jean ne veut rien entendre :
— Jamais je ne donnerai mon approbation à ce mariage. Marier une femme trouvée dans une île ! Voyez-vous cela ?
— Alors, adieu, père, dit Jean. Constance est ma femme. Chez moi, elle sera reine !

Jean amène donc Constance et Isabelle dans la maison qu'il avait construite près de l'eau, **en dehors de**[12] la ville.

Au bout d'un an, Jean et Constance ont un beau garçon. Pendant plusieurs mois, Jean reste à la maison avec sa femme et

---

[9] **plaintes**   moans, groans
[10] **enlevées**   kidnapped

[11] **loue**   rents
[12] **en dehors de**   outside

son fils. Il fait réparer son bateau. Il fait aussi peindre le portrait de sa femme et celui de son enfant sur les grandes **voiles**[13].

VI

Cependant, Jean doit repartir en mer pour aller travailler. Il demande à Isabelle de s'occuper de la jeune maman et promet de revenir dans un mois. Un soir, Jean arrive avec sa cargaison au port de Lisbonne, la capitale du Portugal. Il y **ancre**[14] son bateau. **À son réveil**[15], le lendemain, il voit une foule de gens venus admirer son bateau et la décoration de ses voiles. Même le roi est là ! Alors, Jean descend à terre et va vers le roi :

— Quels sont donc les personnages peints sur vos voiles ? demande le roi.

— Vous voyez là ma chère **épouse**[16], Constance, et notre enfant.

— Vous avez dit « Constance » ? Où donc avez-vous rencontré cette femme ?

— Dans une île déserte. Je l'ai sauvée : un pirate la détenait captive.

— Je la reconnais. C'est ma fille ! Et tu dis que c'est ta femme ? Tu lui as donc sauvé la vie ! On l'avait enlevée quand elle était tout petite. Je la cherche depuis tout ce temps !

Jean n'en revient pas : sa Constance est donc une princesse !

— Va vite chercher ma fille et mon petit-fils ! Faites-moi le plaisir de venir habiter chez moi tous les trois.

— J'en serais bien heureux, Sire, répond Jean. Je crois que Constance sera d'accord !

Le roi, bien content, dit à ses hommes :

— Préparez mes plus beaux bateaux pour escorter mon **gendre**[17], Jean de Calais.

---

[13] **voiles**   sails

[14] **ancre**   anchors

[15] **À son réveil**   when he wakes up

[16] **épouse**   wife

[17] **gendre**   son-in-law

VII

Quelques mois plus tard, le bateau de Jean revient à Calais, accompagné de la **flotte**[18] royale. Toute la ville **accourt**[19] au port. Jamais on n'a vu **pareil cortège**[20] ! Constance est là, bien sûr. Elle est venue **accueillir**[21] son époux. Elle avait reconnu de loin, en mer, le bateau de Jean. Elle est la première à embrasser son mari. Elle est surprise de voir tant de cérémonies autour de lui :

— Ma chère princesse, j'ai pour toi une nouvelle qui te remplira de joie.

— La nouvelle de ton arrivée me fait suffisamment plaisir, répond-elle en l'embrassant de nouveau.

Alors, Jean de Calais raconte à Constance comment le roi du Portugal, son père, l'a reconnue sur la grande voile du bateau et comme il a hâte de la revoir ! Constance pleure de joie et d'émotion.

VIII

Le père de Jean est aussi venu admirer le spectacle. En apercevant son fils, le père, étonné, s'écrie :

— C'est vraiment toi, Jean ? On ne ferait pas plus d'honneur à un prince !

— Je suis en effet un prince, père, car ma chère Constance est une princesse. Et vous n'avez pas voulu que je l'épouse !

Le père demande pardon à son fils. Il connaît maintenant mieux Constance et il l'admire. Constance l'embrasse gentiment. Puis, Jean de Calais tenant son fils dans ses bras, la princesse et sa confidente montent à bord. C'est au Portugal, dans le château du roi, qu'ils vivront **désormais**[22].

---

[18] **flotte**   fleet

[19] **accourt**   rushes

[20] **pareil cortège**   such a procession

[21] **accueillir**   to greet, welcome

[22] **désormais**   from then on

IX

Les habitants de Calais gardent encore en mémoire le spectacle magnifique de cette fin de journée : un bateau aux voiles colorées, escorté des **vaisseaux**[23] d'or de la suite royale, **glissant**[24] dans les feux du soleil couchant.

Exercices

1. Que fait Jean lors de son premier voyage ?
   a. Il fait de bonnes affaires et devient très riche.
   b. Il rencontre une jeune dame et la ramène avec lui.
   c. Il laisse tout l'argent qu'il a gagné en vendant ses marchandises dans l'île.

2. Que fait Jean lors de son deuxième voyage ? Est-il bon en affaires ?
   a. Il fait de bonnes affaires et devient très riche.
   b. Il rencontre une jeune dame et la ramène avec lui.
   c. Il laisse tout l'argent qu'il a gagné en vendant ses marchandises dans l'île.

3. Pourquoi le père de Jean n'est-il pas content ?
   • quand son fils revient de son premier voyage en mer ?
   • quand son fils revient de son second voyage en mer ?

---

[23] **vaisseaux**   ships, vessels   [24] **glissant**   gliding

4. En quittant son père, où Jean va-t-il vivre avec sa nouvelle femme ? Répondez par une phrase complète.

 a. chez ses parents.

 b. chez les parents de sa femme.

 c. dans une petite maison qu'il a construite.

 d. dans son bateau.

5. Pourquoi le roi du Portugal vient-il voir le bateau de près ? Répondez par une phrase complète.

 a. parce qu'il va toujours voir les bateaux.

 b. parce qu'il croit reconnaître sa fille sur la voile du bateau.

 c. parce qu'il veut acheter le bateau.

 d. parce qu'il veut savoir pourquoi tous les gens sont là.

6. Revenez à l'illustration : trouvez, dans le conte, une phrase qui s'applique bien à cette illustration.

7. En lisant le texte, vous avez appris plusieurs mots reliés au monde de la mer et de la marine. Complétez le texte à l'aide de la forme correcte des mots suivants, que vous ferez précéder de l'article si nécessaire : *navire, port, armateur, voiles, jeter l'ancre.*

 Le père de Jean était un riche _____. Il possédait de nombreux _____. Un jour, le bateau de Jean de Calais a _____ au _____ du Portugal. Le roi a reconnu l'image de sa fille sur les _____ du bateau de Jean.

8. D'après vous, en général, les parents ont-ils leur mot à dire dans le choix des conjoints (époux) de leurs enfants ? Discutez-en oralement ou par écrit.

Vocabulaire

A

accourir to rush to

accrocher, s'~ to cling, hang around

accueillir to greet, welcome

affaire, avoir ~ à to deal with

affaires, bonnes ~s good, advantageous deals, business

affiche *f* poster

affolé(e) panic-stricken

affreux(euse) hideous, frightful

agenouiller, s'~ to kneel

agir, s'~ de to be a question of

aîné(e) elder

ajouter to add

à l'aventure at random

alléchant(e) enticing

allonger to lengthen

âme *f* soul

an *m* year

    veillée *f* du Jour de l'~ New Year's Eve

ancien(ne) elder

ancrer to anchor

annales *f pl* history, records

appartenir to belong

à quatre pattes on all fours

argent silver

argenté(e) silvery

armateur *m* ship-owner

arracher to snatch (from)

assistance *f* gathering, audience

astuce *f* craftiness

à suivre to be continued

attarder, s'~ to linger, dally

atteler to harness (horses)

attraper to catch

aube *f* dawn

au beau milieu right in the middle

au-dessus de over, above

au moins at least

avaler to swallow

aventure, à l'~ at random

avertir to warn, notify

avoir to have

    ~ affaire à to deal with

    ~ bon cœur to be kind hearted

    ~ hâte to be in a hurry, eager

    ~ honte to be ashamed

    ~ le moral bas to be down in the dumps

    ~ lieu to take place

    n'~ d'œil que pour to have eyes for nobody but

à volonté at will

avouer to confess

B

bague *f* ring

    ~ de fiançailles engagement ring

balai *m* broom

barbe *f* beard

bas(se) low

    avoir le moral ~ to be down in the dumps

basculant(e) swiveling, tilting

bataille, champ *m* de ~ battlefield

battre (les cartes) to shuffle (cards)

beau, au ~ milieu right in the middle

bénir to bless

bien attrapé(e) (to be) had all right

bienvenu(e), le/la ~ welcome

blesser to hurt, injure

blonde *f* (Canada) girlfriend

bon(ne) good

    ~ parti good match

    ~ sens common sense

bonnes affaires good, advantageous deals, business

bonnet *m* cap
bouchée *f* mouthful
boucher *m* butcher
bouger to move
boulanger *m* baker
bourse *f* purse
bout *m* end
   du ~ des lèvres half-heartedly
   en venir a ~ to put an end to it
bouton *m* pimple
Brise-fer *m* Iron-Breaker
broyer to grind
brûlure *f* burn
bruyant(e) noisy
bûcheron *m* lumberjack
buisson *m* bush
but *m* goal, objective
buter sur to bump against

C

cacher to hide
canot *m* d'écorce bark canoe
carême *m* Lent
cargaison *f* freight, cargo
carrefour *m* crossroads
carriole *f* sleigh (Canada), cart
carrosse coach
carte *f* card
   battre les ~s to shuffle cards
   jouer aux ~s to play cards
   tireur *m* de ~s fortune teller (by
     cards)
   tirer (quelqu'un) aux ~s to tell
     (someone's) fortune by cards
cavalier(ière) *m, f* horseback rider
cave *f* cellar
ceinture *f* de cuir leather belt
Cendres, mercredi des ~ Ash
   Wednesday
chair *f* flesh

chaloupe *f* rowboat
champ *m* field
   ~ de bataille battlefield
chanceux(euse) lucky, fortunate
charretier *m* cart driver
charrette *f* cart
chasse *f* hunt
chasser to drive out, chase away
chevalier *m* horseman, knight
chevet, table *f* de ~ bedside table
clairière *f* glade, clearing
clef *f* key
clocher *m* bell-tower
clochette *f* small bell
cœur, avoir bon ~ to be good-
   hearted, have a kind heart
coffre-fort *m* safe, vault
coffret *m* small box
   ~ d'argent silver box
collier *m* necklace
comme d'habitude as usual
confiance, homme de ~ *m*
   right-hand man
congé, journée *f* de ~ day off
conter to recount, tell
cordonnier *m* shoemaker, cobbler
cortège *m* procession
cou *m* neck
coucher *m* du soleil sunset
couler to flow
coup, d'un seul ~ at one go
coupe *f* cutting
courir to sail (aboard)
course *f* race
Court-vite *m* Fast-Running
couteau *m* knife
craindre to fear
craintif(ive) fearful
creuser to dig
cri *m* d'épouvante scream of terror
croc *m* fang

cueillir to pick, gather
cuir *m* leather
   ceinture de ~ leather belt
curé *m* parish priest

D
débarrasser, (se) ~ **de** to get rid of
debout, se tenir ~ to stand
débrouillard(e) resourceful
déchiqueté(e) shredded
déesse *f* goddess
défaut *m* fault, weakness
de garde on duty
dégoût *m* disgust
déguster to eat
dehors, en ~ **de** outside
déjouer to thwart
démener, se ~ to throw oneself about
déplier to unfold
déranger to disturb
désormais from then on
deviner to guess
devoir *m* duty
Diable *m* Devil
dîme *f* tithe (church tax)
dire, en l'instant de le ~ in a second
doigt *m* finger
don *m* gift, talent
donner naissance to give birth
doré(e) golden, gilded
dos *m* back
doué(e) gifted
drap *m* bedsheet; cloth
dresser to raise, straighten up
du bout des lèvres half-heartedly

E
écorce *f* bark (tree)
   canot *m* **d'**~ bark canoe

écraser to crush
écurie *f* stable
église *f* church
éloge, faire l'~ **de** to sing the praise of
éloigner to keep away
embaucher to hire
embrasser to kiss
émerveillé(e) amazed, filled with wonder
emporté(e) carried away
en dehors de outside
endroit *m* place
endurer to bear, abide
énervement *m* irritation
enfermé(e) closed up
enlever to kidnap
en l'instant de le dire in a sccond
ennuyer, s'~ to miss; to be bored
en plein front in the middle of its forehead
enquête *f* investigation
en revenir, ne pas ~ to be very surprised, unable to get over (something)
entouré surrounded
entrain *m* liveliness, enthusiasm
Entend-clair *m* Clear-Hearing
entretien *m* maintenance, support
en venir à bout to put an end to it
envers *m* reverse, wrong side
environnant(e) surrounding
épaule *f* shoulder
épée *f* sword
épouse wife
épouser to marry
épouvante, cri *m* **d'**~ scream of terror
épuisé(e) exhausted
équipe *f* team
étendre, s'~ to stretch out

étoile *f* star
être bien attrapé(e) to be had all
    right
évanouir to faint
éviter to avoid
exiger to require

F

faire to do
    ~ état de to note, mention
    ~ l'éloge de to sing the praises of
    ~ noir to get dark
    ~ ses Pâques to take
        Communion
    ne se ~ pas prier to not have to be
        asked twice
farine *f* flour
fauteuil *m* armchair
fée *f* fairy
féliciter to congratulate
Fêtes *f pl* Christmas holidays
fier(ère) proud
fin(e) (Canada) expert; kind, nice
flotte *f* fleet
fouiller to search through
fondre to melt
four *m* oven
frapper to knock, strike
fréquentations *f pl* associations
front *m* forehead
fumier *m* manure

G

gagner sa vie to earn one's living
galant *m* suitor, admirer
galette *f* flat cake
gant *m* glove
garde, de ~ on duty
gâter to spoil

gazon *m* grass, lawn
gendre *m* son-in-law
gêné(e) embarrassed
gésier *m* gizzard
geste *m* gesture
gibier *m* game
gicler to squirt out
glisser to glide
gorge *f* throat
gourmand(e) greedy
grâce à thanks to
gras(se) fat
    Mardi ~ Shrove Tuesday
gratter, se ~ to scratch oneself
grenier *m* attic
griffe *f* claw
guérir to cure, heal
guetter to lie in wait for
gueule *f* mouth (of an animal)

H

habile clever, adept
habit(s) *m* clothing, suit
habitude, comme d'~ as usual
hâte, avoir ~ to be in a hurry,
    eager
histoire, sans ~ quiet, tranquil
homme *m* man
    ~ de confiance right-hand man
honte, avoir ~ to be ashamed
horloge *f* clock
hors pair matchless
humecter to moisten

I

Il n'en est rien Nothing of the sort
inespéré(e) unexpected, unhoped
    for
inquiéter, s'~ to worry

instant, en l'~ de le dire in a second
interdire to forbid

J

jeûne *m* fast (days)
jouer to play
  ~ aux cartes to play cards
  ~ un rôle to play a part
jour *m* day
  veillée *f* **du ~ de l'an** New Year's
    Eve
journée *f* **de congé** day off
jurer to swear

L

laideur *f* ugliness
langue *f* tongue
lasser, se ~ to weary; tire
Laurentides *f pl* Laurentians
  (mountains of southern Quebec)
lèvre *f* lip
  au bout des ~ half-heartedly
lieu, avoir ~ to take place
lièvre *m* hare
louer to rent
loup *m* wolf

M

malfaisant(e) harmful, evil
malgré in spite of
malheur *m* misfortune
manque *m* lack
manquer to be lacking, missing
marché *m* deal
marche, prendre une ~ to take a walk
marcher, tu nous fais ~ you're pulling
  our legs
Mardi *m* **gras** Shrove Tuesday

marraine *f* godmother
méchant(e) ill-natured, spiteful
médaille *f* (religious) medal
médecin *m* physician
membre *m* limb
mendiant(e) *m, f* beggar
mentir to lie
menuisier *m* carpenter
mercredi *m* **des Cendres**
  Ash Wednesday
métier *m* trade, profession
mets *m* dish, food (item)
meunier *m* miller
mien(ne), le/la ~ my own, mine
milieu, au beau ~ right in the
  middle
misère *f* poverty
moins, au ~ at least
moitié *f* half
moral *m,* **avoir le ~ bas** to be down
  in the dumps, be depressed
mordre to bite
mouchoir *m* handkerchief
mouiller to dampen
moulin *m* mill
mousse *f* moss
mouton *m* sheep
moyen *m* means

N

naïf(ïve) naive
naissance *f,* **donner ~** to give birth
narine *f* nostril
navire *m* ship
ne pas en revenir to be very
  surprised, be unable to get over
  (something)
noces *f pl* wedding
noir, faire ~ to get dark
nuage *m* cloud

O

occuper, s'~ de to take care of
œil *m*, **n'avoir d'~ que pour** to have
   eyes for no one else but
oie *f* goose
or *m* gold
   d'~ golden
orbite *m* socket
oser to dare

P

paille *f* straw
pain *m* bread, loaf
pair(e) even (numbers)
   hors ~ matchless
Pâques *f pl* Easter
   faire ses ~ to take Communion
pareil(le) similar, such a
paresseux lazy
paroi *f* surface, wall
paroissien *m* parishioner
parti *m*, **bon ~** good match
passer, s'en ~ to get along without
   ~ près de (Canada) almost
pâtissier(ière) *m, f* pastry cook
patte *f* paw, foot
   à quatre ~s on all fours
peau *f* skin, hide
pêche *f* fishing
pendre to hang
perche *f* pole
perruque *f* wig
peut, elle n'en ~ plus she can't go on
piège *m*, **tendre un ~** to lay a trap
pieu *m* stake
plaindre quelqu'un to feel sorry for
   someone
plainte *f* groan, moan
plat *m* tray, platter
plateau *m* tray

plein, en ~ front in the middle of its
   forehead
pleurer to cry, weep
pleut, il ~ it's raining
poil *m* hair (except on the head)
poirier *m* pear tree
poitrine *f* chest
pommier *m* apple tree
possédé(e) *m, f* possessed
poteau *m* post, pole
poursuivre to continue
prédire to predict
prélasser, se ~ to lounge, take one's
   ease
prendre to take
   ~ à la trappe to trap
   ~ des forces to get one's strength
      back
   ~ soin de to take care of
   ~ une marche to take a walk
presque almost
prétendant *m* pretender, suitor
prêter to lend
prétexter to use as an excuse
prier, elle ne se fait pas ~ she doesn't
   have to be asked twice
pur-sang *m* thoroughbred

Q

quatre, à ~ pattes on all fours
queue *f* tail

R

ramer to paddle
ranimer to revive
réclamer to call for
récolte *f* harvest, crop(s)
reconnaissant(e) grateful
recueil *m* collection

régaler, se ~ to have a delicious meal
remplir to fulfill
renverser to upset, turn over
renvoyer to send away; to fire, sack (from a job)
répandre, se ~ to spill out, spread out
réveil, à son ~ when he wakes up
revenir, ne pas en ~ to be very surprised, unable to get over (something)
rien, il n'en est ~ nothing of the sort
Rive *f* **sud** South Shore (of the Saint Lawrence River)
rôle *m*, **jouer un ~** to play a part
ronce *f* bramble
roue *f* wheel
rusé(e) artful, clever

S

sacrer to curse, swear
sale filthy, dirty
salut *m* salvation
sang *m* blood
sangloter to sob
sans histoire quiet, tranquil
~ soucis carefree
saveur flavor
scie *f* saw
semblable à similar to
sens *m*, **bon ~** common sense
serrer to clutch, hug
signer, se ~ to cross oneself
sinon otherwise
soi-disant calls himself, herself
soin *m* care
prendre ~ de to take care of
sol *m* ground
soleil *m* sun

solennel(le) solemn
songeur(euse) pensive
sorcier(ère) *m, f* witch
sort *m* hex, spell
sot(te) *m, f* fool
sottise *f* stupidity
souci, sans ~ carefree
soufre *m* sulfur
soulager to relieve
source *f* spring, well
sourire to smile
souris *f* mouse
soutien *m* help, support
souvenir, se ~ de to remember
sucrerie *f* sweet
sud, Rive *f* South Shore (of the Saint Lawrence River)
suivre, à ~ to be continued
sûr(e) de soi self-assured, confident
sursauter to jump up with a start
surveiller to watch (out), keep watch over

T

table *f* **de chevet** bedside table
taille *f* waist
taire, se ~ to be quiet, fall silent
tant que until, as long as
tantôt just now, a little while ago
tarder to delay, put off
teindre to dye (cloth, hair)
téméraire rash, reckless
tempête *f* storm
tendre un piège to lay a trap
tenir parole to keep one's word
tenir, se ~ sur ses gardes to remain on one's guard
se ~ debout to stand
tirer aux cartes to tell fortunes by cards

tirer, se ~ aux cartes to tell one's own
   fortune (by cards)
tireur *m* **de cartes** fortune teller (by
   cards)
tissu *m* cloth
toilette *f* outfit, dress
tourbillon *m* whirl(wind)
traîner to drag
trajet *m* journey
trancher to cut off, slit
trappe *f,* **prendre à la ~** to trap
trop, on ne sera pas ~ de quatre four
   won't be too many
trou *m* hole
troupeau *m* herd
trousse *f* instrument case
tuer to kill

U

un de pris! one down!

V

vacarme *m* din, racket
vaisseau *m* ship, vessel
vanter, ne pas se ~ to keep quiet
   (about something), not to boast
   (about)
veillée *f* **du Jour de l'an** New Year's
   Eve
veiller sur to look out for, watch over
velours *m* velvet
venir to come
   en ~ à bout to put an end to it
veuf, veuve *m, f* widower, widow
vide empty
vie, gagner sa ~ to earn one's
   living
vingt-sixième, le ~ one twenty-sixth
   (part)
voile *f* sail
vol *m* theft
voler to steal; to fly
volonté, à ~ at will